Jésus
de Qumrân à l'Évangile de Thomas

Publications des Conférences de l'Étoile

La religion, les maux et les vices, Presses de la Renaissance, 1998
Le citoyen, les pouvoirs et Dieu, les Bergers et les Mages, 1998
Le retour du religieux, qu'en penser ? Transitions, 1999
Sciences, conscience et sens, Transitions, 1999

Sous la direction de
Alain HOUZIAUX

Jésus
de Qumrân à l'Évangile de Thomas

Les judaïsmes
et la genèse du christianisme

BAYARD ÉDITIONS / CENTURION

© Bayard Éditions, 1999
3, rue Bayard, 75008 Paris
ISBN 2 227 350 19 9

Introduction

CE JÉSUS, MAIS QU'A-T-IL DONC DE SI IMPORTANT ?

Alain HOUZIAUX

Diable ! Encore un livre sur Jésus !

Oui, avec ce Jésus, que s'est-il donc passé de si important ?

Je vois trois manières de le dire. Et ces trois manières, je le reconnais, ne se rejoignent pas forcément.

JÉSUS : UNE RÉVOLUTION HISTORIQUE

Première manière de dire ce qu'il y a d'unique en Jésus : ce qui est important en Jésus, c'est le fait que, par sa vie, son enseignement et sa mort, il ait déclenché une révolution historique dont les répercussions sont immenses. Non seulement il a été à l'origine de la naissance de l'Église chrétienne, mais il a révolutionné la culture, la civilisation, la foi, la morale, les mentalités... Il a suscité d'innombrables conversions, c'est-à-dire des retournements personnels tout à fait spectaculaires.

À quoi est due cette influence unique et incomparable de la vie et de la parole de Jésus ? On est tenté de répondre : au

7

caractère exceptionnel de son enseignement, à ses miracles, à sa sainteté, à son martyre. Certes ! Mais, dans ce cas, ce qui fait problème, c'est que cette révolution ne se soit pas amorcée de son vivant. En effet, de son vivant, Jésus n'a pas eu une grande influence. Il n'a pas été considéré comme exceptionnel, puisque ses quelques disciples l'ont abandonné avant sa mort.

Et pourtant, il faut néanmoins le reconnaître, c'est quand même bien à cause de lui, à cause du Jésus historique lui-même, que cette révolution (la naissance du christianisme) a eu lieu. La Pentecôte, la conversion de saint Paul sur le chemin de Damas ont bien eu lieu à cause de Jésus de Nazareth, le prophète de Galilée. C'est quand même bien à cause de lui que tout s'est déclenché !

Ainsi, la question du Jésus historique reste fascinante pour tenter de comprendre de quelle manière Jésus a pu être la source, même indirecte, de cette révolution historique. C'est pourquoi certains des articles de cet ouvrage partiront à la recherche de ce Jésus historique, de sa spécificité par rapport au judaïsme de son temps, par rapport à Jean Baptiste et aussi par rapport aux esséniens et aux gnostiques.

Mais, de toute manière, quoi que nous apprenions sur Jésus de Nazareth lui-même, le problème de l'origine de la révolution suscitée par Jésus restera cependant énigmatique. Comment expliquer le passage de l'événement finalement quelconque qu'ont été la vie et la mort du Jésus historique à l'embrasement qu'a été le début du christianisme ? Comment expliquer que, après coup, la vie, l'enseignement et la mort de Jésus aient été considérés comme absolument décisifs et aient exercé une influence absolument exceptionnelle ? S'il y a un mystère et un miracle, c'est bien là[1].

---

1. Ce miracle, c'est bien sûr par la résurrection de Jésus que l'on peut tenter de l'expliquer. On peut penser que c'est parce que Jésus est réapparu trois jours

Mais le cas n'est pas unique. Prenons l'exemple de la prise de la Bastille[2]. Le 14 juillet 1789, que s'est-il passé exactement[3] ? Sans doute pas grand-chose. Et pourtant, on ne peut nier que la prise de la Bastille ait été un événement historique considérable parce que, aujourd'hui encore, elle fait l'objet d'une sorte de culte laïque et républicain fondamental. C'est pourquoi il faut clairement dire que ce qui constitue un événement historique considérable, ce n'est pas ce qu'il a été en lui-même, c'est l'importance qu'il prend dans l'histoire, après coup.

C'est pourquoi les articles de cet ouvrage tenteront non seulement de percer la spécificité unique du Jésus historique, mais aussi les raisons de la « montée en puissance » de son autorité dès les premières années qui ont suivi sa mort.

JÉSUS : LE « HÉROS » PRÊCHÉ PAR LA BIBLE ET L'ÉGLISE

Deuxième manière de reconnaître ce qu'il y a d'unique dans Jésus : l'importance de Jésus vient du fait qu'il est le personnage central (on pourrait dire le « héros ») d'un livre

---

après sa mort, qu'il a été alors confessé comme Seigneur et Sauveur. Et pourtant même les textes du Nouveau Testament ne rapportent pas les choses de cette manière. Paul ne s'est pas converti au christianisme à cause de la résurrection du Christ. Et ce n'est qu'à la Pentecôte, c'est-à-dire après le départ de Jésus ressuscité, que la foi au Christ a commencé à se répandre et que l'Église a commencé à se former. L'élément déclencheur de la naissance de l'Église, ce n'est pas la résurrection du Christ, c'est la descente de l'Esprit le jour de la Pentecôte. La confession de la résurrection du Christ est apparue à ce moment-là.

2. Exemple donné par André GOUNELLE, *Le Christ et Jésus*, Paris, Desclée, 1990, p. 117.

3. Rappelons qu'à la date du 14 juillet 1789, Louis XVI a marqué sur son éphéméride personnel : « Rien. »

(le Nouveau Testament) et d'une prédication (celle de l'Église) qui ont eu une influence immense.

Ici, ce qui compte, ce n'est pas l'existence historique de Jésus, ce n'est pas ce qu'il a été, mais c'est ce que la Bible et l'Église ont fait de lui. Ce qui compte, ce n'est pas Jésus en lui-même, ce n'est pas ce qu'il a été historiquement, mais c'est le fait que la Bible et l'Église ont parlé de lui. C'est à ce titre et à ce titre seulement, par l'intermédiaire de la prédication et de la Bible, qu'il a été reçu par les foules comme le Seigneur et le Sauveur. Si Jésus en tant que prophète galiléen n'avait pas été « repris » par le Nouveau Testament et par la prédication de l'Église, il n'aurait pas eu la même importance. Jésus est devenu important par l'image qui a été donnée de lui. Cette « image » (il vaudrait mieux dire « icône » pour montrer que cette image n'est pas une photographie, mais une transfiguration) se superpose au Jésus de l'histoire.

Notons qu'il y a d'autres exemples comparables : Abraham, Isaac, Jacob, Job, Jonas, entre autres. Ce qui compte à propos de ces « héros » de la Bible, ce n'est pas leur existence historique (d'ailleurs il est vraisemblable qu'ils n'en ont pas eu), mais le fait que, depuis deux mille cinq cents ans, ils servent d'exemples et de référence dans la prédication. Comme Jésus. Cette manière de voir les choses peut paraître provocante mais elle n'est pas nouvelle. Cela fait longtemps que l'on dit ou que l'on chuchote que le christianisme (et par là même « Jésus Christ » lui-même comme « foyer » de la théologie chrétienne) est une « invention » de Paul.

Déjà, pour les auteurs des textes bibliques, le Jésus historique était de peu d'importance. Ainsi saint Paul, quelques années seulement après la mort de Jésus, dresse déjà une « icône » du « Christ » qui n'a pas grand-chose à voir avec le Jésus historique. Lorsqu'il écrit dans l'épître aux Colossiens : « Il [le Fils bien-aimé, c'est-à-dire « le Christ »] est l'image du

Dieu invisible, le premier-né de toute la création, car en lui tout a été créé[4] », il est bien clair qu'il ne parle pas du Jésus historique. Il présente le « Christ » comme une sorte de « Logos » impersonnel et abstrait qui génère et conduit l'histoire du monde depuis ses origines. Et de même, les évangiles, bien qu'ils n'aient pas été aussi loin dans la dépersonnalisation du Jésus historique, présentent pourtant un « Jésus » vraisemblablement très différent de celui de l'histoire. Tout comme le personnage du Cid créé par Corneille au XVIIᵉ siècle diffère du Cid historique (Rodrigo Diaz né en 1043 et mort en 1099).

Cette quasi-abolition de l'importance du Jésus historique par l'« icône » qu'en présentent la Bible et l'Église a été radicalisée par la légende du Grand Inquisiteur de Dostoïevski[5]. Le Jésus historique revient à Séville au XIVᵉ siècle. Le Grand Inquisiteur le fait arrêter et lui rend visite dans son cachot. Et il lui dit en substance : « Tu n'es plus d'actualité. Le message que tu as prêché il y a quatorze siècles n'a aucune importance aujourd'hui[6]. Nous, l'Église, nous avons substitué à ton message une "icône" qui, elle, produit de bons résultats. Tu dois disparaître à tout jamais et nous laisser agir avec l'icône que nous avons créée pour te remplacer. » Et Jésus semble l'admettre puisqu'il baise les lèvres glacées du Grand Inquisiteur et quitte l'histoire et l'Église pour toujours.

Selon cette manière de voir le Jésus de l'histoire, les recherches historiques sur Jésus de Nazareth peuvent paraître

---

4. Colossiens 1, 15-16.

5. In *Les frères Karamazov*, traduction par H. Mongault, Paris, NRF, Gallimard, p. 262-278.

6. Et il aurait pu ajouter : « Je ne sais pas si, en ton temps, il en a eu beaucoup puisque tous les disciples t'ont abandonné. »

sans grande importance, puisqu'elles ne peuvent rien ajouter ni enlever au Jésus Christ « icône ». En revanche, ce qui est important, c'est d'étudier de quelle manière Paul, les évangiles et ensuite l'Église chrétienne ont « créé » l'icône de Jésus Christ. Ce qui compte, c'est de voir à partir de quelles sources (celles du Jésus historique, bien sûr, mais aussi et surtout celles de la pensée juive, essénienne, gnostique... des premiers siècles de notre ère) ils ont créé cette icône « Jésus Christ » et pour quels motifs ils l'ont créée. C'est ce qui sera fait dans certains articles de ce livre.

JÉSUS : UNE CATASTROPHE MÉTAPHYSIQUE

Troisième manière de concevoir l'importance unique de Jésus : ce qui compte chez Jésus, c'est qu'il est « Dieu fait homme ». Il est « la Parole faite chair ». C'est cela qui compte et cela seulement. Jésus a sans doute été un prophète original, il a sans doute prêché une nouvelle manière de croire, il a sans doute été une sorte de saint, il a sans doute vécu l'amour de manière exceptionnelle. Mais ce n'est pas cela qui compte. Ce qui compte, c'est le fait qu'il est « l'incarnation de Dieu ».

Mais qu'est-ce que cela veut dire ? Je vois plusieurs manières de concevoir l'affirmation : « Dieu s'est fait homme en Jésus Christ. »

• Le théologien américain Althizer, par exemple, a une conception tout à fait radicale de l'incarnation de Dieu en Jésus. Il considère qu'avec Jésus, ce qui s'est passé, c'est une sorte de « catastrophe[7] » métaphysique. En effet, depuis

---

7. J'entends « catastrophe » dans son sens étymologique de « bouleversement, révolution », mais en ajoutant de manière sous-jacente l'idée habituelle de « fin brutale ».

Jésus, Dieu n'est plus à concevoir comme l'Éternel, la Vérité absolue, il n'est plus le Créateur tout-puissant du monde. Il n'est plus un Esprit infiniment parfait. Non ! En Jésus, Dieu s'est « incarné ». Dieu n'est plus au ciel. Il s'est fait homme. Dieu s'est exilé du ciel et il a fait sa demeure dans un homme : Jésus. Dieu a abdiqué de sa divinité, il s'est vidé de son éternité. Il meurt en tant que Dieu céleste, absolu, éternel, infini et parfait. Il devient le mystère de ce qu'est Jésus dans son être le plus intime.

• Certes, c'est là une manière très radicale de concevoir la notion d'incarnation. Mais on peut aussi considérer, de manière moins radicale, que l'affirmation dogmatique : « Dieu s'est fait homme en Jésus Christ » n'est pas une manière d'énoncer une abdication de Dieu, mais plutôt de désigner la spécificité unique de Jésus Christ.

Quelle est cette particularité unique de Jésus ? Jésus est pour nous le « lieu-tenant » de Dieu (en se souvenant qu'étymologiquement le lieu-tenant est celui qui « tient lieu » de son supérieur et qui le remplace en son absence). Ce qui compte en Jésus, c'est donc que, pour nous, il « tient lieu » de Dieu.

Il est, pour nous, le porte-parole, le représentant de Dieu. C'est par lui et par lui seul que nous pouvons avoir une image du mystère de Dieu. Jésus est le seul par lequel nous pouvons avoir une information sur Dieu. Nous n'avons jamais vu Dieu le Père, et nous ne pouvons nous faire une image de ce « Père » qu'en regardant son « fils » et en écoutant ce que ce fils nous dit de son « Père ». C'est en ce sens qu'il est le « fils unique de Dieu ». Jésus est le « Médiateur » par le moyen duquel nous pouvons avoir une certaine connaissance de la promesse et de la volonté de Dieu pour nous.

D'après la théologie classique, Jésus a cette caractéristique de médiateur et de fils unique de Dieu, non seulement par la qualité et l'originalité de son enseignement, mais aussi et surtout par sa naissance ou du moins par son élection par Dieu[8].

Ainsi, ce qui compte en Jésus, c'est ce que signifient sa naissance miraculeuse (il est né de l'Esprit de Dieu), son baptême, sa transfiguration (il est consacré fils de Dieu), sa résurrection (il est légitimé et reconnu comme fils de Dieu).

Dans la conclusion de cet ouvrage, nous tenterons de montrer de quelle manière s'est formée, au cours des tout premiers siècles de notre ère, la confession : « Jésus est le Fils unique de Dieu. »

• Cette conception de l'incarnation de Dieu en Jésus et rien qu'en Jésus, reste, il faut bien le reconnaître, passablement mystérieuse. C'est pourquoi certains théologiens (dits « de la contextualisation ») ont voulu donner de la notion d'incarnation une portée plus générale et, par là même, moins spécifique de Jésus de Nazareth. Ils expliquent que ce qu'il faut entendre par « la Parole s'est faite chair en Jésus », c'est que la Parole de Dieu s'exprime et ne s'exprime que par la parole et la vie d'un homme particulier (en l'occurrence Jésus de Nazareth), ayant une culture, une religion, une langue particulières.

Et cela signifie que, de même que la Parole de Dieu s'est exprimée dans et par la parole, la religion et la culture particulières d'un juif (Jésus de Nazareth) du Ier siècle de notre ère, de même, la vérité de Dieu s'exprime par toutes les religions particulières, que ce soit celle de tel Égyptien du deuxième millénaire avant notre ère ou celle de tel Papou du XXe siècle. La vérité éternelle de Dieu s'exprime par l'infinie

---

8. Certains théologiens considèrent que Jésus est Fils de Dieu par sa conception (« Il est né du Saint-Esprit »), d'autres considèrent qu'il a été adopté par Dieu comme Fils lors de son baptême (« Celui-ci est mon Fils bien-aimé »).

variété de l'humain. Ainsi, dans cette manière de voir, Jésus est l'archétype de l'incarnation de Dieu, mais il n'en est pas le récipiendaire unique.

Le présent ouvrage présente les conférences et les débats qui ont eu lieu au temple de l'Église réformée de l'Étoile à Paris en mai et juin 1998. Nous partirons à la recherche du Jésus historique, de sa spécificité, de la manière dont il a été confessé par les premiers chrétiens, et de la manière dont il a été « recréé » par l'Église primitive, y compris dans ses courants considérés comme hérétiques (le courant gnostique en particulier). Nous le ferons avec des universitaires qui s'expriment en tant qu'historiens. Cependant, le débat sur l'articulation entre le Jésus de l'histoire et le Christ de la foi restera sous-jacent.

La spécificité de ce recueil d'articles, par rapport aux innombrables publications savantes qui paraissent aujourd'hui sur le Jésus historique et la naissance de l'Église, c'est qu'il s'adresse à un large public.

I

JÉSUS ET LES JUDAÏSMES DE SON TEMPS

1

LA MARGINALITÉ DE JÉSUS

Charles PERROT

Le titre de cette contribution, « Jésus et les judaïsmes de son temps[1] », ne doit pas cacher la difficulté de l'entreprise. Car, avant même d'explorer l'ambiguïté du *et*, reliant ici le nom de Jésus à la mention des judaïsmes du Ier siècle, il faudrait d'abord savoir comment il est possible de « faire de l'histoire » en cette circonstance précise, c'est-à-dire en voulant situer Jésus au sein même de ce judaïsme d'apparence plurielle. Je ne vais pas ici vous encombrer de remarques méthodologiques

---

1. *Bibliographie.* Sur le judaïsme ancien d'époque hellénistique : A. GEORGE et P. GRELOT éd., *Au seuil de l'ère chrétienne*, in *Introduction à la Bible*, III/1, Paris, 1976 ; A. PAUL, *Le monde des juifs à l'heure de Jésus*, Paris, 1981 ; C. SAULNIER, *Histoire d'Israël*, III, Paris, 1985 ; C. TASSIN, *Le judaïsme de l'Exil au temps de Jésus* (*Cahiers Évangile*, n° 55), Paris, Cerf, 1986 ; P. SCHÄFER, *Histoire des juifs dans l'Antiquité*, Paris, 1989.

Recueil de textes du judaïsme ancien : DUPONT-SOMMER, M. PHILONENKO éd., *La Bible. Écrits intertestamentaires*, Paris, Gallimard, 1987.

Sur Jésus : C. PERROT, *Jésus et l'histoire*, Paris, Desclée, 1993 ; et *Jésus*, coll. Que sais-je ? n° 3300, Paris, PUF, 1998 ; D. MARGUERAT, E. NORELLI et J.-M. POFFET, éd., *Jésus de Nazareth. Nouvelles approches d'une énigme*, Genève, Labor et Fides, 1998.

trop austères. Rappelons cependant combien notre connaissance de Jésus n'est pas directe, comme si l'on pouvait d'emblée entrer dans l'immédiateté de sa présence, de sa pensée et de son action, en deçà des deux mille ans de l'événement. Cette connaissance demeure toujours médiatisée par l'entremise des textes néo-testamentaires aux accents divers. Cette reconnaissance historienne de Jésus reste comme filtrée par le regard des différentes communautés chrétiennes, judéo-chrétiennes (au pluriel) et helléno-chrétiennes (au pluriel aussi). Le Jésus de l'évangile de Marc ne coïncide pas entièrement avec celui de Matthieu, ni *a fortiori* avec celui de la tradition johannique. Car, grâce à Dieu, nous n'avons pas qu'un unique écho ou un seul regard porté sur Jésus, mais plusieurs, dont il faut respecter la particularité.

Or, la remarque qui précède, concernant notre connaissance historique, disons quelque peu éclatée, de la personne et de l'action de Jésus, vaut aussi pour *le* ou *les* judaïsmes du 1er siècle, et d'une manière plus éparpillée encore. Outre quelques données archéologiques, les renseignements patiemment réunis sur le judaïsme ancien ne sont connus qu'à partir de quelques textes bibliques tardifs, des versions et des targums, et surtout à partir des écrits apocryphes, souvent hétéroclites et difficiles à situer exactement, même ceux trouvés à Qumrân. Ces dernières découvertes en particulier ont permis de mesurer combien le judaïsme ancien, celui de l'époque de Jésus, offrait des visages divers, au point que de nombreux spécialistes modernes préfèrent parler des judaïsmes, au pluriel. Cet ancien judaïsme n'offre pas encore la figure relativement unifiée du judaïsme dit rabbinique, tel qu'il apparaîtra à partir de l'an 135 de notre ère. On peut assurément reconnaître auparavant une certaine orthopraxie commune[2] en

_____

2. C'est-à-dire un même comportement concret.

Israël et dans les diasporas de l'époque – ainsi, des pratiques communes touchant la circoncision et les nourritures pures. Mais il n'est pas juste de projeter dans ce judaïsme hellénistique un corps unifié de doctrines, reçu par tous. On aurait plutôt l'impression d'une société en plein mouvement, dans un immense remue-ménage à tous les niveaux, avec des tensions internes et tous ces tiraillements qui aboutiront plus tard, entre les années 66 à 73 de notre ère, à une lutte fratricide entre les différents courants juifs, et parfois, avant même de combattre le Romain.

Parler de Jésus et des judaïsmes de son temps, c'est d'emblée situer ce Jésus dans ce monde bousculé, en pleine effervescence eschatologique, c'est-à-dire dans l'attente de l'avènement du Royaume. C'est le mesurer aussi à des hommes, à des institutions ou à des valeurs dont l'autorité paraissait parfois singulièrement ébranlée, à commencer par celle des prêtres. C'est le distinguer enfin des élites authentiquement religieuses de son temps, dont il sait reprendre les pensées les plus valables ou, au contraire, qu'il sait contrer avec une liberté souveraine.

Peut-être faudrait-il d'abord retenir des quelques réflexions qui vont suivre le constat de ce combat soutenu par Jésus, non pas tellement contre un judaïsme qui serait dépravé, à la religion étroite, formaliste ou scrupuleuse, mais, en fait, contre les meilleurs d'entre les juifs de son temps. Jésus, le juif, ne s'attaque pas à de mauvais juifs, mais à de bons juifs. Et c'est au sein de cet ancien judaïsme, dans ce qu'il a de plus valable, qu'on peut le mieux désigner aujourd'hui la personne et l'action du Nazaréen. Ouvrons donc le dossier.

Avant la découverte de Qumrân déjà, on connaissait l'existence mouvementée de ces courants juifs, grâce surtout à Philon d'Alexandrie et plus encore à l'historien Josèphe, l'historiographe de la maison des Flaviens à la fin du Ier siècle. Sans même tenir compte des judaïsmes de la diaspora, rappelons seulement les quatre mouvements religieux[3], dont parle Flavius Josèphe : les sadducéens, les pharisiens, les esséniens, et enfin ces trublions qui s'inscrivent dans la lignée révolutionnaire d'un Judas le Golanite (ou Judas le Galiléen)[4]. Ajoutons à cette liste la figure du Baptiste et de ses disciples, cités encore par Flavius Josèphe, mais dans un autre contexte[5]. D'autres groupes pourraient être mentionnés, tels les osséens et les thérapeutes dont parle Philon d'Alexandrie. Cela dit, ces divers groupes religieux n'étaient guère homogènes ni unifiés. Ainsi est-il possible de détecter plusieurs formes de vie essénienne, à Qumrân ou à l'extérieur de quelques villes et bourgades, sinon à Damas. De même, les pharisiens du Ier siècle, loin de constituer comme autrefois un groupe politico-religieux unifié, se réunissaient plutôt au sein de multiples conventicules ou confréries religieuses, attachés à quelques scribes et visant d'abord la pureté rituelle. Et les positions étaient diverses entre ces scribes, par exemple entre un Hillel et un Shammaï. De leur côté, les conservateurs, prêtres ou notables désignés comme sadducéens, n'étaient guère identifiables en tant que groupe particulier, sinon parce qu'ils s'opposaient aux autres groupes qui tentaient de leur arracher le pouvoir. Enfin, ne mêlons pas trop vite les bandes de « brigands » de l'époque de Jésus avec les sicaires[6] des années 40, puis, après l'an 66 de notre ère, avec les réformateurs sacerdotaux dits zélotes, sans parler d'autres partisans d'une violence plus extrême encore.

---

3. En grec : *haireiseis*.
4. *Antiquités juives* 18 § 11-25.
5. *Ibid*, § 116-119.
6. Les hommes à la dague, *sica*.

C'est dire combien les courants juifs pouvaient parfois s'opposer, et jusqu'au sein d'un même mouvement surgissaient des différends : par exemple sur la question du Temple et sur la manière de se situer par rapport à la loi de Moïse (Torah[7]) et à la tradition des Anciens ; bref, sur le problème de la norme scripturaire et sur l'autorité en matière religieuse, sans parler des discussions portant sur les rapports à entretenir avec l'étranger ou encore sur l'attitude à avoir avec certains prophètes de la violence eschatologique.

Chacun des motifs susdits traverse différemment les mouvements juifs du temps et, pour une part aussi, les premières communautés judéo-chrétiennes. En sorte que, selon le regard propre à chacune de ces communautés, la figure de Jésus saura plus ou moins se distancier des sages de son époque ; des prophètes vagabonds qui en appelaient aux temps derniers et des autres guérisseurs et exorcistes. Toutefois, la distance entre Jésus et le haut sacerdoce, ou les notables dits sadducéens, sera toujours fortement soulignée, au point de relever du mépris, tant ce milieu particulier fut directement compromis dans la mort de Jésus, et non point les pharisiens comme tels, d'ailleurs beaucoup plus proches du milieu populaire.

Ces quelques réflexions rendent déjà difficile une comparaison précise entre Jésus et ces mouvements de toutes sortes, sans oublier combien notre documentation sur chacun d'eux reste fragile. Nous centrerons donc cet exposé autour de trois motifs seulement. Comment Jésus se situait-il par rapport à une idéologique lévitique (ou sacerdotale) qui était à l'époque très présente et parfois envahissante ? Comment affirmait-il son autorité par-dessus les hommes, les traditions

---

7. La Torah désigne les cinq premiers livres de la Bible hébraïque.

et les institutions les plus saintes ? Enfin, jusqu'où entrait-il dans le jeu des mouvements d'apocalypse qui tenaient un discours eschatologique[8], à la pointe de la modernité catastrophique de son temps ? Nous nous contenterons de ces points, déjà considérables.

Comme on voit, nous ne chercherons pas à classer directement Jésus dans quelque case préétablie : Jésus était-il baptiste ? pharisien ? essénien ou autre chose encore ? À chaque fois, la réponse pourrait être affirmative ou négative, selon le cas. Jésus est évidemment issu d'un groupe baptiste, et il s'en détache pourtant. Il baigne largement dans le monde des scribes d'affinité pharisienne, et il les interpelle parfois violemment (Matthieu 23). Il n'a pas de contacts avec les purs de l'essénisme, et pourtant des motifs considérables le rapprochent de l'essénisme. Il n'a rien à voir avec les hommes de violence, disons, avec les « faux messies » ou les « faux prophètes » de l'époque, et pourtant il sera condamné par Pilate comme trublion. Alors serait-il donc toujours en marge, comme « à côté » des hommes et des mouvements les plus valables de son temps ? Mais comment mesurer une telle marginalité, alors même que sa relative audience s'épanouissait justement au contact de ceux qu'on appellera plus tard « le peuple du pays ». Il s'agit là de la masse des impurs et des injustes de l'époque, qui n'entraient pas, ou pas assez, dans le jeu des élites intellectuelles et spirituelles, à la recherche d'une sainteté toujours plus grande. « Tu es le saint de Dieu » : selon Marc 1, 24, telle serait la christologie des démons (si je puis me permettre !), alors même que Jésus en produisait apparemment l'image inverse...

---

8. Relatif aux derniers temps de l'histoire du monde avant l'irruption du Royaume de Dieu.

Une même idéologie lévitique (ou sacerdotale) traversait à l'époque de nombreux groupes juifs, y compris laïcs (même si le mot laïc est impropre à l'époque). Sans vouloir arracher aux hommes du Temple leur charge proprement sacrificielle, cette idéologie lévitique envahissait les cœurs et constitua la base de toutes les pratiques de pureté rituelle, mises alors en valeur, lors des repas et ailleurs, par les pharisiens et, plus encore, par les esséniens, sans parler des thérapeutes, ces serviteurs de Dieu, sis près d'Alexandrie, dont nous parle Philon dans sa *Vie contemplative*. Pourquoi une telle insistance sur ces rites de pureté ? Situons-nous bien au niveau des hommes les plus pieux de ce temps, bref, parmi les « justes ». Selon eux et avec raison, la Torah, la révélation divine, demeure la Parole vivante de Dieu, une parole toujours actuelle. Or, cette Loi divine impose des règles précises de pureté : non seulement la distinction des animaux purs et animaux impurs, mais aussi de multiples préceptes de pureté qui, à l'origine, concernaient seulement les prêtres en charge au Temple.

Mais, au regard des élites de l'époque, tous les juifs ne sont-ils pas prêtres de quelque manière, suivant la charte de l'Alliance : « Vous serez pour moi un royaume de prêtres et une nation sainte[9] » ? Dès lors, chacun se doit de respecter toutes ces règles de pureté lévitique et de vivre dans la plus parfaite sainteté, c'est-à-dire en se séparant, entre autres, des souillures alimentaires et en évitant en particulier tout contact avec des os ou *a fortiori* des cadavres. Car ces impu-

---

9. Exode 19, 6.

retés sont autodiffusives, par simple contact. D'où la nécessité de « blanchir les sépulcres » pour éviter de les fouler involontairement[10] ; ou encore, le souci de ne pas toucher une personne susceptible d'être porteuse d'une telle impureté[11]. Mais comment en être bien sûr ? D'où le souci de se purifier souvent à l'aide des rites d'eau, avant l'accès au Temple et ailleurs. Ces gestes d'ablution rituelle se multiplièrent en conséquence, à l'exemple d'ailleurs du monde hellénistique païen, où les rites de pureté avaient aussi la vogue.

Ainsi fallait-il vivre le plus possible selon la sainteté lévitique d'une pureté rituelle pour mieux déclarer son entière obéissance à la Parole divine. Comme le dit le *Midrash Sifra* sur Lévitique 11, 45 : « Comme Je suis saint [dit Dieu] vous serez saints, comme Je suis séparé [en hébreu *perush*, d'où vient le mot pharisien] vous serez séparés [*perushim*, pharisiens]. » La sainteté est d'abord la séparation d'avec l'impur. Israël devient en conséquence le lieu d'un espace sacré, à la manière du Temple. Il faut vivre « comme les prêtres », déclaraient les thérapeutes d'Égypte[12]. Et cet idéal lévitique est aussi au cœur de la vie des « fils de Saddoc », à savoir les sectaires de Qumrân. Au point même que ces derniers considéraient le Temple actuel comme souillé, et le sacerdoce de Jérusalem, proprement invalide. Dès lors la communauté de l'Alliance se présente comme le lieu du Temple authentique, où « la louange des lèvres » remplace pour l'instant des sacrifices sanglants devenus pour eux impossibles à Jérusalem.

Face à un tel envahissement des rites de pureté, relevons quelques résistances, aux motivations diverses. Certains

---

10. *Cf.* Matthieu 23, 27.
11. Marc 5, 25s.
12. Philon, *Vie contemplative* § 74.

prêtres de haut rang et des notables de Jérusalem, dits saddu-céens, se moquaient plutôt de ces pratiques aquatiques, ennemis qu'ils étaient de toutes les nouveautés en général. Par ailleurs, les baptistes avec Jean à leur tête s'en distan-cieront aussi d'une certaine façon, du moins en privilégiant un geste d'eau particulier, lié de quelque manière au pardon des péchés[13], et donc plus lourd que les rites d'ablution rituelle. En un sens, Jean dit le Baptiste concurrençait les absolutions délivrées par le Temple. Enfin Jésus, sans plus baptiser[14], réagira davantage encore. Plus précisément, il ne refuse pas, comme tels, ces rites de pureté rituelle, mais il les situe autrement, comme le prétexte d'une intériorité à d'abord promouvoir. L'exhortation qu'il formule, c'est : « Purifie d'abord l'intérieur de la coupe[15]. » En fait, il n'entre pas dans le jeu de cette idéologie lévitique.

Cela dit, n'allons pas trop vite opposer les tenants d'une religion trop extérieure avec ses rites de pureté rituelle à ceux qui seraient animés d'un réel souci d'intériorité religieuse. Les esséniens comme les pharisiens constituaient d'authen-tiques élites spirituelles, voulant suivre à fond la Révélation divine. D'ailleurs certains écrits de Qumrân, tel le rouleau des *Hymnes*, sont d'une grande beauté mystique, et l'appel à la sainteté traverse aussi des ouvrages d'affinité pharisienne. « Pour faire le salut de son peuple, [Dieu] n'a pas besoin du grand nombre, mais de la sainteté », écrira l'auteur des *Antiquités bibliques* (27, 14). Mais de quelle sainteté s'agit-il alors ?

Par ailleurs, ces pratiques de pureté rituelle eurent d'immé-diates conséquences sur la société juive d'alors, en la comparti-

---

13. Marc 1, 4-5.
14. Jean 4, 2.
15. Matthieu 23, 26.

mentant en groupes et groupuscules divers, selon le degré de pureté de chacun. Chez les esséniens comme chez les pharisiens, la pureté rituelle sépare les membres d'un même groupe. Elle sépare plus encore des gens de l'extérieur et *a fortiori* des païens impurs. Les sectaires de Qumrân en arriveront même à une césure radicale, sans compromission avec les Nations[16] et même avec les autres fils d'Israël, considérés comme souillés. Au contraire, les scribes d'obédience pharisienne surent éviter en partie ce danger et, dans le cadre des assemblées dites synagogues, leur influence était réelle sur le peuple. Sans doute, tous les gens du peuple ne pouvaient guère suivre ces nombreuses et méticuleuses exigences de sainteté. La classe socioreligieuse dite des « pécheurs » – les bergers, les bouchers, les médecins, les prostituées et les péagers ou publicains – est dans l'incapacité de vivre selon la pureté rituelle en raison même de leur métier en contact avec les gens des Nations ou avec des cadavres. Rappelons à ce propos comment Jésus, en appelant Lévi parmi les siens[17], constitue alors un groupe, disons, à l'envers des groupes de pureté de son temps : un groupe de « non-séparés », des « non-pharisiens ».

Mais ce qui est dit des pharisiens vaut plus encore pour les esséniens, un groupe qui n'apparaît même pas dans les évangiles, tant la distance était grande entre le milieu populaire galiléen et ces sectaires enfermés sur eux-mêmes. Leur valeur religieuse était certes éminente, d'ailleurs relevée par Philon et Flavius Josèphe. Ils entendaient vivre sous l'influx de l'Esprit de sainteté[18]. En même temps le purisme exclusif et

---

16. Les non-juifs.
17. Marc 2, 13-17.
18. 1QH 5, 22 et 1QS 3, 13 à 4, 24 : il s'agit du rouleau des *Hymnes* découvert dans la première grotte de Qumrân, et de celui de la *Règle* communautaire.

intégriste de ces « fils de la lumière » les poussait à poser des gestes à l'envers même de ceux de Jésus. Certes, plusieurs motifs et quelques expressions semblent les rapprocher. Citons l'exemple des Béatitudes de Jésus qui trouvent en partie leur analogue dans quelques fragments qumrâniens de la quatrième grotte : « Heureux celui qui dit la vérité avec un cœur pur[19] », ou encore : « [Heureux] ... ceux qui aiment la tendresse et les pauvres en l'esprit... et les miséricordieux[20] »... D'autres éléments mériteraient d'être mentionnés, qui posent surtout l'existence de contacts entre les esséniens qui ont échappé au désastre de l'an 68 de notre ère et des communautés chrétiennes. Ainsi, Luc reprend des expressions connues à Qumrân, touchant le messie, fils de David, désigné aussi comme le fils de Dieu et le fils du Très Haut[21]. Enfin, relevons chez les esséniens un sens étonnant de la grâce miséricordieuse de Dieu. Car « toutes les œuvres de justice », c'est-à-dire tous les gestes portant le salut, relèvent uniquement de Dieu, et non point de l'homme[22].

Si donc la religion de Jésus semble parfois proche de l'essénisme (c'était déjà le sentiment d'Ernest Renan !), sur bien des points aussi elle en constitue l'envers. Son comportement récuse toute exclusive, y compris à l'endroit des « pécheurs » (au sens moral et au sens socio-religieux de ce mot à l'époque) ; et sa pensée refuse aussi ce dualisme cosmique à pointe pessimiste, opposant les « fils de lumière » aux « fils des ténèbres », c'est-à-dire ceux déjà marqués du sceau de la colère divine. Une parabole comme celle de l'ivraie et du bon

---

19. 4Q 525.
20. 1QH 6, 14 ; au sens de « ceux qui se laissent conduire par l'Esprit de Dieu », comme en Matthieu 5, 3 probablement.
21. Luc 1, 35 et 4Q 426, 2.
22. 1QH 4, 29-33.

grain est impensable à Qumrân, et *a fortiori* la libre attitude de Jésus à l'endroit du shabbat, ou encore son appel à aimer jusqu'à son ennemi.

Qui donc était Jésus ? N'était-il pas « un sage » comme on disait à l'époque ? Le mot est repris par Josèphe pour le désigner dans le *Témoignage flavien*, dont quelques bribes sembleraient authentiques[23]. Mais un sage revêtu de quelle autorité ?

JÉSUS ET LA QUESTION DE L'AUTORITÉ

La question de l'autorité traverse de part en part tous les milieux juifs de ce temps. Qui a autorité pour décider du comportement à suivre selon la Torah ? Qu'est-ce qui fait autorité ? Résumons l'affaire en quelques mots.

Pour tous les juifs du Ier siècle, la Loi donnée par Dieu restait première et normative. Mais le texte de Moïse n'en était pas moins perçu parfois comme vieux et peu adapté aux réalités de la modernité judéo-hellénistique. Les problèmes du jour restaient donc concrètement à régler. D'où, selon l'ancienne pratique coutumière, la nécessité d'avoir recours à la parole du prêtre pour en décider, comme il est dit dans Aggée 2, 11. Ainsi les sadducéens, ces prêtres de haut rang et les notables qui les supportaient, pouvaient-ils préserver leur autorité en déclarant le droit dans son actualité. Mais, selon eux toujours, en dehors de ces décisions légales, tout ce qui n'est pas lu en Moïse relevait seulement de l'opinion, sans être normatif. Ainsi, les écrits de Prophètes d'Israël et des convictions comme celle portant sur la résurrection des morts, apparue tardivement, n'étaient point d'obligation ; et

---

23. *Antiquités juives* 18 § 63-64.

de même, pour les anciennes décisions légales, appelées alors la « tradition des Anciens ». La loi écrite de Moïse et la parole du prêtre suffisaient. Bref, rien ne doit bouger ! Or, à l'époque tout se mettait pourtant à bouger, et le peuple ne les suivait plus guère : le haut sacerdoce avait perdu de son prestige, au point que Flavius Josèphe écrit : « [Les sadducéens] n'ont pour ainsi dire aucune action. Car lorsqu'ils arrivent aux charges, malgré eux et par nécessité, ils concèdent tout ce que dit le pharisien, pour ne pas se rendre insupportables à la foule[24]. »

En effet, les sages, c'est-à-dire ici les scribes d'affinité pharisienne, étaient largement reconnus par la foule. Certes, pour eux aussi, la Torah reste première, mais les écrits des Prophètes ont également leur valeur et leur place au matin du shabbat dans les synagogues. Les Prophètes permettent en effet de mieux interpréter la Parole de Dieu, délivrée dans le Pentateuque. Car la différence est là : les sadducéens en appelaient seulement à la Loi, en tant que texte écrit autrefois donné par Dieu à Moïse, alors que pour les pharisiens, et les esséniens avec, la Torah demeure une parole toujours vivante. Dieu parle toujours aux siens. Encore faut-il écouter cette Parole et la comprendre justement ! D'où cet intense effort de lecture et d'interprétation des textes bibliques au sein des synagogues en particulier. En conséquence l'exégète – le scribe ou le rabbi – prend le pouvoir dans sa manière même de déclarer le Droit. Il n'est plus besoin de la parole du prêtre. Une telle interprétation scripturaire, jaillissant dans la multiplicité des sens possibles, prend alors des figures multiples selon le milieu juif en cause, pharisien ou essénien. Ainsi, un scribe d'affinité pharisienne ne parlera guère en son

---

24. *Antiquités juives* 18 § 16.

nom propre, mais au nom de ses maîtres. Il veut s'inscrire dans la continuité d'une tradition vivante qui irait, selon lui, de Moïse à Josué, aux Prophètes et aux sages, c'est-à-dire jusqu'à lui-même. En sorte que son interprétation actuelle s'enracinerait, dit-il, au Sinaï même. D'où son autorité entière, puisqu'il ne fait que porter l'écho de la parole de Moïse.

De leur côté, les esséniens, partisans d'une Alliance renouvelée, adoptent une autre position. Certes, là encore la Loi fait entièrement autorité, prolongée par les textes prophétiques dont la valeur est soulignée. Cela dit, c'est le Maître de Justice, le guide de la Voie authentique, qui fait maintenant autorité en tant qu'interprète inspiré de la Loi. Ses écrits, accompagnés de la tradition interprétative des siens, font désormais norme à la lumière d'une Torah continuellement méditée et strictement appliquée.

Dans ce contexte proprement éclaté, chacun entend s'approprier le pouvoir d'une manière directe, tel le Maître de Justice, ou indirecte, à la façon des rabbis pharisiens. Or, Jésus se présente à son tour avec une autorité souveraine : « Car il les enseignait en homme qui a autorité et non pas comme les scribes[25]. » Il n'en appelle pas à d'autres rabbis, et, pis, il paraît rectifier la Révélation divine. Il n'est plus dominé par la Loi. Il s'inscrit, disons, en direct, face à Celui qu'il désigne comme son Père. Dès lors, l'autorité qu'il s'attribue paraît extravagante, au point même de passer parfois par-dessus la Loi, c'est-à-dire par-dessus la Révélation divine. Pour qui se prend-il donc ?

Cela dit, on relève plus d'une fois dans les évangiles des indications d'apparence contraire, touchant l'attitude de Jésus à l'endroit de la Loi. Il suit et refuse la Loi. Il mange

---

25. Marc 1, 22. 27.

pur, et il passe par-dessus les règles de pureté. Il suit le shab-bat, et il s'en dispense allègrement. Il critique la « tradition des Anciens », et il ne récuse pas radicalement « la dîme de la menthe, du fenouil et du cumin », dont parlait la tradition des Anciens[26]. Car ce n'est plus le fait d'accepter ou de récu-ser tel ou tel précepte qui le caractérise. C'est la manière même de se situer « autrement » par rapport à la Loi entière. On comprend alors l'embarras extrême et les positions dis-cordantes des premières communautés judéo-chrétiennes et helléno-chrétiennes sur plusieurs de ces points, tant chaque groupe chrétien pouvait en appeler différemment à telle ou telle parole de Jésus pour justifier son propre comportement. Ainsi, une communauté judéo-chrétienne dans la ligne de Matthieu pouvait en appeler à Matthieu 5,18 (« Pas un point sur l'i ne passera de la Loi »), alors que d'autres groupes chré-tiens insistaient au contraire sur la libre attitude de Jésus par rapport à la Loi (ainsi, chez Marc). Les uns voulaient suivre la Loi, comme Jésus ; et d'autres voulaient s'en détacher, comme Jésus aussi. Tous comprenaient pourtant l'énorme déplacement opéré par leur Maître, ramassant l'autorité en sa propre personne. Ses paroles et ses gestes, rapportés par les premières traditions chrétiennes, n'en laissaient pas moins le champ libre à des comportements chrétiens très différents. L'Église de Matthieu n'est pas celle de Paul. Car selon les exi-gences de la mission visant Israël ou visant les Nations, le rapport à la loi de Moïse variait singulièrement.

Ajoutons une remarque importante concernant les phari-siens. Depuis plusieurs décennies déjà, les historiens ont sou-ligné le lien étroit entre Jésus et les scribes d'affinité phari-sienne. Jésus n'était-il pas pharisien lui-même ? Une réponse

---

26. Marc 7, 3s et Matthieu 23, 23.

33

largement positive s'inscrivait alors en faux contre la présentation vulgarisée des « pharisiens hypocrites », et donc aussi des juifs actuels qui leur succéderaient. Effectivement, les points de contact avec Jésus ne manquent pas. Tels Hillel et d'autres scribes, Jésus a des disciples. Comme les pharisiens et contre les sadducéens, il accepte l'idée d'une rétribution d'outre-tombe et de la résurrection des morts ; il insiste sur le motif d'une Providence divine qui laisse sauve la liberté humaine ; il partage une même attente messianique et parle même des anges. Jésus s'oppose assurément aussi à des pharisiens. Mais n'est-ce pas justement parce qu'ils lui sont le plus proches, à la différence des autres milieux juifs ? Les esséniens font bande à part, et le haut sacerdoce ou les notables sont trop loin du petit peuple de Galilée.

Il est vrai, l'évangéliste Matthieu a fortement souligné la responsabilité des scribes et des pharisiens, par exemple dans la violente attaque du chapitre 23. Mais, à Antioche, dans une église judéo-chrétienne des années 80-90 et donc après la ruine du Temple, les persécuteurs juifs s'identifiaient pour une part à ces scribes de Galilée qui cherchaient à sauvegarder l'héritage d'hier. C'étaient eux alors qui défendaient leur pouvoir. Or, il n'en était pas ainsi à l'époque de Jésus, où les scribes et les pharisiens jouaient seulement les seconds rôles. Au fait, il n'est même pas directement question des pharisiens dans l'ancien récit de la Passion selon Marc.

En outre, au plan historique encore, il serait intéressant de mesurer la distance entre les deux reproches, d'allure contraire, portés contre les pharisiens de l'époque : celui de Jésus, selon lequel les scribes et les pharisiens « lient des fardeaux pesants et les imposent aux épaules des gens[27] », et

---

27. Matthieu 23, 4.

celui des esséniens de Qumrân qui désignent les pharisiens comme des « chercheurs de douceurs ou d'allégements[28] ». Pourquoi ce dernier reproche ? Les scribes voulaient préciser davantage la Loi, en distinguant soigneusement et en multipliant les *mitzwot* (les préceptes) ; et cela, pour chercher à mieux cerner des espaces de liberté – en vertu du principe romain que tout ce qui n'est pas défendu est permis. Ils voulaient donc rendre la religion plus respirable ! Et souvent ils adoptaient des positions larges en matière éthique ou autre. Les esséniens étaient autrement intransigeants en matière légale ; ils n'étaient pas laxistes comme les pharisiens. Dès lors, au sein même de cette querelle, comment situer Jésus ? À la fois, il bousculait la Loi, adoptait paradoxalement des positions abruptes et rigoureuses, et se mettait plutôt à distance de ce type de discussion. Il refusait un certain laxisme pharisien et le purisme rigoriste des esséniens. Ce qui paraissait contradictoire. Sans doute avait-il alors une autre idée de la Loi et du Dieu de l'Alliance aussi.

Si donc sa « sagesse » n'était pas entièrement comparable à celle des scribes d'affinité pharisienne, est-ce en raison d'une autre dimension de sa personne même ? Ce sage était aussi éminemment un prophète. Car on peut aligner pour une part la figure de Jésus sur celle des scribes juifs et des maîtres de sagesse du monde hellénistique – par exemple, à partir des recueils de logia[29] de la Tradition Q[30], sans parler de l'*Évangile de Thomas*. En même temps, on ne saurait résoudre pour autant l'étonnante question de son autorité dans la prononciation même de ces *logia*. Jésus n'est pas simplement « un sage », l'un de ces maîtres d'une sagesse univer-

---

28. 1QH 2, 15. 32 ; 4QPsIs 163.
29. On désigne ainsi les « paroles » de Jésus.
30. Avant la rédaction des évangiles, c'est-à-dire vers 50-60.

selle et intemporelle, à la manière des sophistes (des philosophes) du monde hellénistique. Sa parole d'autorité se réclame en direct de Dieu, à la manière des prophètes d'Israël, lançant une parole cette fois inscrite dans l'histoire. En fait, les textes évangéliques emmêlent souvent les paroles de sagesse de Jésus à ses *logia* dits eschatologiques – portant sur la venue du Règne, sur le Jugement final et sur l'étrange figure d'un Fils de l'homme à la manière de Daniel 7, 14. Cet alliage curieux entre la sagesse et la prophétie constitue encore une autre singularité de la figure de Jésus dans le contexte juif du temps. N'était-il pas le prophète attendu, à la manière d'un nouvel Élisée ou d'un nouveau Moïse ? Mais ce titre prophétique s'avérait à l'époque bien dangereux à porter.

JÉSUS ET LES PROPHÈTES DE SON TEMPS

Je ne puis ici aborder l'affaire en profondeur. Le dossier est bien connu. Nous n'en sommes plus à l'époque où certains assimilaient Jésus à quelque révolutionnaire appelé zélote. En effet, on cerne mieux la diversité des mouvements rebelles au cours du Ier siècle, à la manière des « brigands » tel Barabbas. Plus tard seulement surgiront les sicaires et les zélotes. Nous ne devons donc pas projeter trop vite au temps de Jésus des actes de violence à la manière de Theudas, connu en l'an 44 de notre ère ; ou encore, à la manière de ce prophète égyptien accompagné de ses quatre mille sicaires, dont parlent les Actes des Apôtres à l'époque de Paul[31]. Certes, peu après la mort d'Hérode le Grand, en l'an 4 avant

---

31. Actes 5, 36 et 21, 38.

Jésus Christ, des soi-disant rois se sont levés en Israël, tels Athrongès et autres. Mais à l'époque de Jésus, donc sous Tibère, la situation était relativement calme, malgré les sottises politiques, meurtrières parfois, accumulées par le préfet Pilate. Nous sommes en quelque sorte à mi-chemin entre, d'une part, ces rois de pacotille du début du Ier siècle et, d'autre part, après Caligula surtout, ces prophètes eschatologiques qui voulaient inoculer leur idéologie guerrière à des partisans armés. Ces « faux prophètes », aux yeux de leurs adversaires, cherchaient alors à entraîner des foules au désert pour rééditer les signes messianiques de Moïse.

À la suite de Jean le Baptiste, condamné pour troubles publics selon Josèphe[32], Jésus sera à son tour entraîné dans la tourmente. Car le contexte politique était déjà en train de se dégrader. L'accusation pour prétention royale était grave, et Jésus en fera les frais : l'acte d'accusation inscrit sur une petite tablette de bois clouée sur la croix de Jésus portait les mots : « Jésus, le nazôréen, le roi des juifs. » Remarquons ici le syntagme « roi des juifs », utilisé surtout par les non-juifs de l'époque et appliqué à Jésus comme par dérision, non point tellement parce que Pilate s'en prenait spécialement à Jésus, mais parce que ce préfet était un antisémite notoire, dans la lignée de Sejanus, son patron romain, et voulait épancher sa rancœur contre les juifs en général.

Une telle accusation laisserait évidemment penser à quelques accointances entre Jésus et les milieux trublions de son époque. Aussi les premières traditions chrétiennes prirent-elles bien soin de rappeler la distance entre leur Maître et ceux que Jésus désignait comme « les violents », c'est-à-dire ces prophètes de violence qui veulent prendre de force le

---

32. *Antiquités juives* 18 § 116-119.

Royaume des cieux[33], ou encore ces faux prophètes et ces faux messies, dont parle Marc 13, 32. L'affaire ira si loin que les premières communautés (en dehors de Luc surtout) expurgèrent bientôt le titre prophétique de leur confession christologique. Le titre était politiquement dangereux.

Sans doute, au temps de Jésus, la situation politico-religieuse n'était-elle pas aussi tendue qu'elle le serait une décennie plus tard. Mais on vivait déjà dans un contexte de fébrilité eschatologique, dans l'attente des temps derniers où Dieu allait casser le monde présent, plus qu'il ne le renouvellerait. Et cela, un peu dans tous les milieux juifs en dehors du haut sacerdoce et des notables sadducéens. L'apocalyptique[34] pénétrait partout ou presque, mais sans doute à des degrés divers. Les prophètes de violence et les sectaires de l'Alliance à Qumrân en sont des exemples, la différence entre eux étant que les premiers tiraient déjà le couteau et que les esséniens préparaient la guerre finale sur du papier seulement. Le milieu des scribes, d'ordinaire plutôt prudent, en appelait aussi à des figures prophétiques, tels Hénoch, Esdras, Baruch, Pinhas et autres. Ainsi les écrits apocalyptiques du judaïsme ancien entretenaient-ils la ferveur de ces révélations d'apocalypse à la suite du prophète Daniel. Dieu allait bientôt intervenir par l'entremise d'un prophète. Ce qui signifiait d'abord que la parole des prophètes de Dieu, pourtant close depuis le temps de Zacharie, allait à nouveau se faire entendre. Parler de prophètes et de prophétisme au Ier siècle, c'était d'abord signifier que la parole de Dieu venait de s'ouvrir à nouveau et de résonner aujourd'hui.

Jésus entre assurément dans ce large mouvement, mais il s'en dégage aussi. Sa prédication essentielle sur le Royaume,

---

33. Matthieu 11, 12.
34. Le courant attendant la fin du monde de manière imminente.

ou plutôt sur un règne de Dieu signifiant une entière emprise sur le monde, motive ses paroles et ses gestes libérateurs, c'est-à-dire ses miracles posés en vue d'un Règne déjà en train de survenir. Au fait, Jésus est issu d'un milieu baptiste, ou plus précisément du cercle de Jean le Baptiste. Flavius Josèphe parle aussi de ce Jean, surnommé le Baptiste en raison de son curieux geste d'immersion. Mais le Baptiste, continue Josèphe, devait bien mal finir, mis à mort à Machéronte par Hérode Antipas pour trouble à l'ordre public. Comme autrefois, les prophètes de Dieu allaient-ils donc être mis à mort ? Alors le monde n'allait-il pas s'écrouler, comme l'affirmait l'apocalyptique juive dans sa littérature de désespérance, même si la victoire vengeresse de Dieu devait quand même l'emporter en fin de compte ?

Comme le reflètent les premiers écrits chrétiens, Jésus entre dans le mouvement d'une prophétie d'apocalypse, et il s'en distancie aussi. Sa parole, pourtant pointée sur les temps derniers, n'entre pas entièrement dans le catastrophisme apocalyptique qui atteint l'histoire et le cosmos. Jésus n'est pas un pessimiste, et il n'en appelle pas à la vengeance sous le couvert de Dieu. Son regard sur le monde demeure ouvert, et son annonce du Règne pointe davantage sur un futur encore disponible que sur la catastrophe d'un jugement irrémédiable. Il reste encore à espérer. En outre, Jésus ne se contente pas de parler, mais il agit en des gestes exorcistes et thaumaturges visant le Règne des Cieux, et un Règne de Dieu où sa propre personne est déjà compromise de quelque manière. L'avenir reste ouvert. Un pur apocalypticien n'exorcise pas et ne guérit pas, puisque tout va s'écrouler ! Enfin, chez le Nazaréen, les discours de sagesse, ouverts sur le monde présent d'une manière bien concrète, se concilient étonnamment avec ses paroles prophétiques, à pointe eschatologique. Jésus n'hésite pas alors à déclarer son lien et sa distance aussi[35] à l'endroit de cette figure étrange de l'avenir, celle de ce Fils de l'homme dont parle Daniel 7,14.

Est-il possible d'achever ces quelques réflexions où l'historien n'arrive jamais à boucler son histoire ? Jésus semble, à la fois, proche du petit peuple de Galilée et, pour une part aussi, de certains mouvements juifs de son temps, les baptistes surtout mais aussi les pharisiens. Et en même temps, il paraît continûment se situer comme à côté. Non pas qu'il faille alors le cataloguer comme un « marginal », livré à sa propre utopie. Car une telle désignation n'arriverait pas non plus à saisir l'énigme de ce paradoxe fait chair. Aussi sommes-nous inlassablement renvoyés à la question fondamentale que Jésus pose à ses propres disciples : « Et vous, qui dites-vous que je suis[36] ? »

35. *Cf.* Luc 12, 8.
36. Marc 8, 29.

2

LE JUDAÏSME EN SA DIVERSITÉ

Pierre GEOLTRAIN

À la suite des propos si mesurés de Charles Perrot, je me contenterai de faire quelques remarques sur l'unité fondamentale du judaïsme, les rapports entre les « partis » juifs et le reste du peuple, sur l'importance, enfin, du mouvement apocalyptique dans le judaïsme à l'époque de Jésus.

LES JUDAÏSMES ?

J'avoue ne guère apprécier ce pluriel qui veut sans doute signifier l'attention qu'on porte à la diversité du phénomène étudié, qui devient une habitude issue des milieux universitaires pour préciser la multiplicité des aires culturelles abordées : histoire « des protestantismes », « des communismes », etc. Mais, pour le sujet traité ce soir, l'emploi du pluriel me paraît inutile. Pour la période qui nous occupe, on peut dire que le judaïsme est tissé de liens d'appartenance plus forts que toutes les différences linguistiques et toutes les divergences d'opinion qui le traversent. Il y a diversité, certes, et

41

l'on vient d'entendre rappeler un certain nombre de clivages dont on pourrait prolonger la liste. Par exemple, la classe sacerdotale est divisée et contestée en son sein même : la secte de Qumrân, on le sait, est née d'une dissidence sacerdotale. Les pharisiens se partagent en plusieurs écoles et qui peut dire quelle forme prenait le pharisaïsme, en cette première moitié du Ier siècle, dans telle ville de la diaspora, Tarse, par exemple, où Paul fut élevé ? Ou bien encore et sur un autre plan, faut-il évoquer ce qui différencie la vie à Jérusalem de celle qu'on mène dans une bourgade paysanne ? Les antagonismes, hérités de l'histoire, entre Jérusalem et la Galilée, entre Judée et Samarie ? Les particularités du judaïsme de la diaspora ? Il y a bien une infinie diversité, source à la fois de richesses et de conflits ; somme toute, une diversité inhérente à tout groupement humain de quelque importance qui ne doit cependant pas laisser dans l'oubli les facteurs de cohésion qui, par-delà les différences, font du judaïsme une entité et non une religion éclatée.

Le judaïsme est une orthopraxie, répète-t-on. Mais les règles de conduite communes sont justement un facteur d'unité et de reconnaissance mutuelle, que l'on soit un juif de Palestine, d'Alexandrie ou d'ailleurs. La Torah en est le fondement, et la liberté d'interprétation, qui peut entraîner des discussions passionnées, ne remet jamais en cause les obligations essentielles. Tout juif est circoncis, observe le shabbat, les grandes fêtes, etc.

À l'époque dont nous parlons, le judaïsme n'est pas seulement une religion. Être juif, c'est appartenir à un peuple, à un royaume qui avait agrandi son territoire et retrouvé une indépendance, à nouveau perdue depuis peu. Ce sentiment d'appartenir à un même peuple est fort en Palestine comme il l'est aussi dans la diaspora, pour laquelle Jérusalem et le Temple demeurent le symbole religieux et communautaire par excellence. L'impôt payé par l'ensemble des juifs et centralisé au Temple en est le signe, comme le fait que le judaïsme soit reconnu comme religion autorisée dans tout l'Empire romain. Être juif, c'est donc à la fois avoir une pratique religieuse *et* appartenir à un peuple. D'où l'extrême attention portée aux unions matrimoniales, qui se traduit de façon générale par l'interdiction du mariage avec un étranger ou une étrangère. À titre d'exemple, Alexandre Jannée, grand prêtre et roi, fut accusé par les pharisiens, vers 95 avant Jésus Christ, d'avoir eu une mère captive, c'est-à-dire prise par l'ennemi. Or, toute femme enlevée en temps de guerre comme prisonnière ou comme otage pouvait toujours être soupçonnée pour avoir été sous le pouvoir d'un homme étranger. Dans le cas de Jannée, le soupçon portant sur sa naissance pouvait lui interdire l'accès au pontificat. C'est dire à quel point l'on était soucieux qu'aucun élément étranger, risquant d'introduire une pratique religieuse étrangère, ne vienne rompre la longue généalogie des tribus d'Israël.

LES « PARTIS » JUIFS

Nous avons pris l'habitude de présenter – et de nous représenter – le judaïsme à travers les renseignements que nous fournissent Flavius Josèphe et Philon d'Alexandrie. Il y avait donc trois partis juifs : les sadducéens, les pharisiens et les esséniens, puis, plus tard, les zélotes et ces faux prophètes dont parlait Charles Perrot. Les notices de ces écrivains antiques sont extrêmement précieuses et confirmées d'ailleurs par la découverte de nouveaux textes ou de documents archéologiques. Cependant, il faut souligner qu'en brossant ce tableau, Josèphe comme Philon ne nous parlent que des groupes influents qui se battent pour le pouvoir (Josèphe nous décrit fort bien par ailleurs cette lutte pour le pouvoir). Si l'un et l'autre couvrent d'éloges les esséniens, c'est sans doute parce que les esséniens mènent une vie austère dans le respect de la Loi, mais peut-être aussi parce que, retirés au désert, ils ont abandonné toute ambition politique. Nous ne devons jamais oublier que ces « partis », que nous considérons comme diverses formes de la religion juive – ce qu'ils sont effectivement – sont ou ont été également des partis « politiques », en concurrence pour le pouvoir.

Les sadducéens sont une aristocratie sacerdotale, mais représentent aussi une puissance financière. Ils sont comptables du trésor du Temple, qui fonctionne comme une banque aux possibilités considérables. Pour en donner une idée, au moment de la ruine de Jérusalem en 70, la valeur de l'or s'est effondrée dans tout le Proche-Orient tant on avait pillé d'or au Temple. L'essentiel pour eux est d'accomplir rituellement les sacrifices de façon à respecter scrupuleusement toutes les lois sur le pur et l'impur. Détenteurs des symboles religieux et du potentiel financier, ils ne peuvent qu'exercer le pouvoir ou s'entendre avec le pouvoir en place, fût-il étranger, ce que leur reprochent les pharisiens.

Les pharisiens, pourtant, ne méprisent pas le pouvoir. Au Ier siècle avant notre ère, ils se sont opposés avec force à Alexandre Jannée et ont fomenté une révolte que le roi noya dans le sang : un soir, alors qu'il festoyait avec ses concubines, il fit crucifier huit cents des révoltés, dont une bonne part de pharisiens, après avoir fait massacrer leurs femmes et leurs enfants sous leurs yeux. Les pharisiens prirent leur revanche, se vengeant de leurs adversaires sous le règne d'Alexandra – dont ils étaient les conseillers – et de son fils Hyrcan, qu'ils soutinrent jusqu'à ouvrir les portes de Jérusalem aux troupes de Pompée. Écartés du pouvoir, ils ne cessent cependant d'espérer le reprendre et exercent une pression constante sur les autorités en place. Non par simple ambition ou désir de puissance, mais parce que le religieux et le politique sont intimement liés : être au pouvoir ou proche du pouvoir, c'est aussi avoir la possibilité de faire reconnaître sinon imposer les règles de conduite que l'on estime découler de la Loi bien interprétée.

Cependant, ces groupes dirigeants qui sont l'élite aristocratique et sacerdotale (par naissance) ou « savante » (par l'étude de la Loi et des traditions) ne représentent qu'une minorité par rapport à l'ensemble de la population du pays. Les prêtres et lévites en exercice à Jérusalem sont sans doute les plus nombreux, mais seuls siègent au sanhédrin ceux qui sont au sommet de la hiérarchie. Les pharisiens, au dire de Josèphe, auraient été quelques milliers. Quant aux esséniens, leur nombre n'excédait sans doute pas quelques centaines. Quels rapports ces minorités qui, sur le devant de la scène, animent la vie du judaïsme, entretiennent-elles avec le reste de la population ?

Les sadducéens, de plus en plus confinés dans le Temple, « ne persuadent que les riches, le peuple ne leur est pas favorable », au dire de Flavius Josèphe. Le petit peuple hiérosolymitain et palestinien n'estime guère en effet ces riches notables dont certains se conforment au mode de vie grec, font apprendre le grec à leurs enfants, ou leur laissent fréquenter le stade, où ils luttent nus comme n'importe quel païen. Les pharisiens, au contraire, ont su entrer dans la vie sociale juive, pour amener le plus grand nombre possible de juifs à mener une vie conforme à la Loi telle qu'ils l'interprètent. Ils sont parvenus à imposer les règles de pureté les plus strictes au sacerdoce hiérosolymitain. Réunis en « communautés », ils observent eux-mêmes toutes les prescriptions énoncées par leurs docteurs de la Loi, se distinguant ainsi du reste du peuple, qui les considère comme des modèles de piété. Issus du peuple pour la plupart, ils ont sur lui une forte influence. On ne peut en dire autant des esséniens, qui se sont éloignés de la vie sociale, retirés « au désert » dans une communauté close. Sans doute admire-t-on leur intransigeance et leur souci de pureté qui n'est pas moindre que celui des pharisiens, mais leur influence se situe ailleurs, dans le fait qu'ils recueillent et perpétuent la tradition et les écrits d'une pensée eschatologique et d'une espérance messianique.

On voit donc pourquoi Charles Perrot a si savamment dosé rapports et distinctions entre Jésus et les trois« partis » juifs pour en conclure à sa marginalité. Peut-être est-ce sur ce point que je m'écarterai de son propos. Car Jésus, autant qu'on sache, est issu du petit peuple galiléen et n'a été instruit ni à la fonction sacerdotale, ni à la casuistique pharisienne, ni à la vie communautaire essénienne. Alors ?

JÉSUS ET LE MOUVEMENT APOCALYPTIQUE

Je me garderai bien de tracer un autre portrait que celui qui nous a été fait et de faire de Jésus un tribun plus ou moins révolutionnaire. Je ferai rapidement deux remarques.

En premier lieu il me semble que ce qui caractérise la position de Jésus, selon les évangiles, c'est le refus de l'exacerbation de la distinction entre pur et impur et la réhabilitation de la distinction élémentaire de la Loi : il y a le bien et il y a le mal. De ce point de vue, qui est celui de l'homme du peuple, Jésus n'a rien à voir avec ces trois « partis ». Curieusement, il ne se situe ni avec, ni au-delà, mais *avant*, revenant aux paroles des prophètes sur l'accomplissement du bien ou du mal supérieur au respect du rite. Les gens de

46

Qumrân ne l'avaient d'ailleurs pas oublié : « Impur, impur il sera, tant qu'il ne se convertira pas de sa malice ! »

La seconde chose qui me frappe, c'est que Jésus s'inscrit, beaucoup plus qu'on ne le laisse entendre aujourd'hui, dans la lignée d'un grand mouvement qui a traversé le judaïsme depuis le *Livre de Daniel* jusqu'au *IVᵉ Livre d'Esdras* à la fin du Iᵉʳ siècle de notre ère, dont Qumrân n'est qu'un des aspects (le plus contemporain de Jésus) et que, faute de mieux, j'appelle le mouvement apocalyptique juif (apocalyptique au sens de « qui révèle »). Nous y reviendrons à propos de Qumrân et du mouvement baptiste dans les prochaines conférences. Mais je voudrais souligner déjà deux points :

• L'apocalyptique juive a bouleversé tout un système de représentations, entre autres celui du temps. Pendant plus de deux siècles, chaque génération a été persuadée qu'elle était la dernière. Or, contre toute attente, les évangiles ont conservé des déclarations de Jésus allant dans ce sens, alors qu'après une génération elles ne s'étaient pas réalisées : « En vérité je vous le dis, un certain nombre d'entre vous qui êtes ici ne goûterez pas la mort avant de voir venir le règne de Dieu avec puissance[1]. » « ... Le Fils de l'homme est proche, il est à vos portes. En vérité je vous le déclare, cette génération ne passera pas que tout cela n'arrive[2]. » Cette attente d'une fin proche est également présente chez Paul[3]. Je pense que Jésus s'inscrit là, et Paul à sa suite, dans la mouvance apocalyptique.

• J'en dirai autant à propos du « Fils de l'homme », cette figure propre à la littérature apocalyptique juive, depuis le *Livre de Daniel* jusqu'au *IVᵉ Livre d'Esdras* en passant par le

---

1. Marc 9, 1, parole reprise en Matthieu et Luc.
2. Marc 13, 30, parole reprise en Matthieu et Luc.
3. 1 Thessaloniciens 4, 13-17.

47

Livre d'Hénoch. Alors que l'Église ancienne n'a pas repris ce titre (trop apocalyptique, justement ?) dans ses réflexions christologiques, les quatre évangiles s'accordent sur le fait que Jésus se désignait comme tel. De deux choses l'une : ou bien la tradition était si bien établie que les évangélistes l'ont simplement transmise et Jésus aurait donc choisi de se présenter comme étant cette figure si typique du monde apocalyptique ; ou bien la tradition aurait elle-même choisi de présenter ainsi Jésus. Dans les deux cas, on mesure le poids dont a pesé le mouvement apocalyptique.

Comment ces écrits apocalyptiques, ou du moins leur message, sont-ils parvenus jusqu'à Jésus et à sa prédication ? Par sa fréquentation du milieu baptiste ? Comme historien je n'en peux faire que l'hypothèse. Je ne sais pas non plus ce qu'a fait Paul entre la soudaine révélation qu'il a du Christ et son retour à Damas. Il dit être parti quatre ans en Arabie... Qui y a-t-il rencontré ? Sur quoi a-t-il fondé son message qui va devenir la théologie paulinienne ? Sur quelle tradition, remontant à Jésus ou pas ? Nous n'en savons rien. Il y a en histoire des « boîtes noires » qu'il ne faut pas forcer tant qu'on n'en possède pas les clefs.

DÉBATS

ALAIN HOUZIAUX : Première question[1] *Comment Jésus a-t-il pu s'imposer au milieu des déchirures du monde juif, dans la mesure où il ne disposait d'aucun soutien parmi les communautés ayant « pignon sur rue » ?* Cela pose la question de savoir si Jésus s'est imposé, d'ailleurs. Deuxième question : *Quelle était la spiritualité du peuple si celui-ci n'était ni pharisien, ni sadducéen, ni essénien ?*

CHARLES PERROT : Voilà de bien belles questions. En effet, les « élites » avaient le pouvoir, en particulier financier, ce qui était beaucoup. Dans la diaspora, il pouvait y avoir cinq millions de juifs, ou peut-être plus disent certains, et si tous donnaient leur impôt pour les sacrifices, ce qui se faisait avec la bénédiction de Rome à l'époque, cela constituait une puissance financière énorme. Vous savez, ce n'est pas avec n'importe quel argent qu'Hérode le Grand est devenu un constructeur extraordinaire ! Les sadducéens avaient bien sûr les premiers rôles, mais il ne faut pas éliminer l'importance d'autres groupuscules ou confréries de type pharisien. On voit d'ailleurs pas mal de convergences entre Jésus et ces pharisiens, touchant la résurrection, la providence divine, les

---

1. Cette question, comme celles dont il est débattu ci-après, ont été posées par écrit à la suite des exposés précédents.

anges... Alors, on me dira : « On voit Jésus vitupérer contre les pharisiens dans les évangiles ! » Soit. N'oublions pas que dans le récit de la Passion de saint Marc, sans doute le plus ancien, le mot « pharisien » n'est même pas présent ! Il est seulement question des anciens, des grands prêtres et des scribes qui n'étaient pas tous pharisiens, assurément. Si on voit Jésus discuter souvent avec les pharisiens, c'est justement parce que c'était le milieu dont il se sentait le plus proche, ne serait-ce que parce qu'il venait du peuple, et les pharisiens eux-mêmes étaient plus proches du peuple que ne l'étaient les esséniens.

Sur ce point, j'ai un sentiment différent de celui de Pierre Geoltrain. Je crois qu'on peut constater un écart important entre ce que nous pouvions dire historiquement à propos de Jésus il y a une vingtaine ou une trentaine d'années et ce que nous pouvons dire maintenant. C'est lié aux dernières découvertes archéologiques et à toute la littérature qumrânienne que l'on connaît mieux. Cela nous permet aujourd'hui de déployer le contexte culturel et religieux de l'époque avec beaucoup plus de précision qu'auparavant. Cela permet d'entendre résonner la parole de Jésus dans sa spécificité nouvelle. On a un regard historique. Je n'aurai donc pas le pessimisme historiciste de Pierre Geoltrain en la matière.

PIERRE GEOLTRAIN : Aucun pessimisme historiciste, seulement l'ignorance de l'historien que je ne voudrais pas combler par trop d'hypothèses... Il n'y a pas une parole de Jésus dans les évangiles pour laquelle vous ne puissiez trouver un parallèle proche ou moins proche dans la littérature juive en général et pas seulement dans la littérature rabbinique ultérieure. Vous avez beaucoup insisté sur la proximité de Jésus par rapport aux pharisiens. J'ai dit pourquoi, à mon avis, Jésus était beaucoup plus tributaire de la représentation apocalyptique que des interprétations pharisiennes.

50

Une question a été posée sur la spiritualité du peuple à l'époque de Jésus. Il est possible qu'une partie du peuple se soit limitée aux actes religieux élémentaires dont j'ai rappelé qu'ils étaient pourtant des signes d'appartenance forts : circoncire ses garçons, respecter au mieux le shabbat, célébrer la Pâque et participer aux fêtes, etc. Mais pour tout juif pieux, la journée était aussi ponctuée par les diverses prières et bénédictions qui accompagnent et donnent sens à tous les actes de la vie quotidienne et familiale. Enfin, partout où une synagogue était implantée, les fidèles pouvaient participer aux prières de type communautaire.

ALAIN HOUZIAUX : *De quelle manière Jésus a-t-il pu dire qu'il était venu pour accomplir la Loi et en même temps se distancier de l'idéal de pureté lévitique ?*

PIERRE GEOLTRAIN : À propos de la Loi, il faut faire la distinction entre la Torah de Moïse et l'ensemble des prescriptions tirées de l'interprétation de la lettre de la Loi, au nom de la tradition, et dont les pharisiens, par exemple, exigent l'application. Lorsque Jésus, selon les évangiles, dit que « pas un trait de lettre de la Loi ne passera », je crois qu'il pense à toute la Loi *écrite*. Pour ce qui est de l'idéal de pureté lévitique, j'ai dit que Jésus me semblait avoir rompu avec le système du pur et de l'impur tel qu'il le voyait fonctionner, c'est-à-dire comme pur rituel, indépendamment de ce que la Loi dit d'elle-même : « Je mets devant toi le bien et le mal... » Distinguer le pur de l'impur est inclus dans la Loi et doit donc être accompli. Mais peut-on accomplir un acte extérieurement pur (= bon) avec un cœur mauvais (= impur) ? Ou bien, au nom de la pureté, refuser un geste qui sauve, etc. ? La position du Jésus des évangiles est d'une constante logique, elle s'inscrit dans la même dénonciation que celle

51

des anciens prophètes et rejoint celle d'autres sages de son temps : la Loi doit être observée, mais il faut savoir en vue de quoi elle est donnée et pourquoi on l'observe.

CHARLES PERROT : Oui. D'une certaine manière, l'attitude de Jésus peut paraître souvent ambiguë, presque équivoque. Il suit la Loi, il respecte le shabbat et il ne récuse pas entièrement les traditions des anciens, et en même temps il ne se laisse jamais dominer par la Loi. Ce n'est pas tellement chez lui le fait d'accepter ou de refuser tel ou tel précepte qui importe. Ce qui importe, c'est d'avoir une autre attitude à l'endroit de la Loi, c'est-à-dire une autre attitude à l'endroit de Dieu. C'est pourquoi, au temps de Paul, dans les premières communautés chrétiennes, lorsqu'il y eut cet affrontement extraordinaire pour savoir s'il fallait ou non suivre la Loi, les judéo-chrétiens pouvaient facilement citer des paroles de Jésus d'un peu tous les bords.

ALAIN HOUZIAUX : *Pourriez-vous préciser les attitudes des différentes communautés juives vis-à-vis des pouvoirs d'occupation – les Romains ?*

CHARLES PERROT : Les prises de position vis-à-vis des Romains étaient très différentes selon les groupes juifs. Il ne faut jamais réfléchir sur le problème en projetant de manière anachronique ce que nous avons connu des occupations de notre siècle. Les situations sont bien différentes, à une époque où on n'avait pas encore la notion de nation. On voit bien ces différences, au cœur de la crise, après 66 jusqu'en 73, alors que les juifs cherchent à savoir quelle attitude ils doivent prendre. Pour schématiser, il y avait les violents, ceux que Jésus appelait les faux prophètes et les faux messies, qui véhiculaient l'idéologie des groupes armés du type « sicaire » et qui étaient violemment contre les Romains. Et ce, bien qu'on ait pu voir des brigands aider les Romains pour se remplir les poches sur le dos de quelque bourgeois de Tibériade. Par ailleurs, il y avait les pharisiens, qui étaient très divisés sur cette question. Une partie d'entre eux étaient plutôt du côté des trublions révolutionnaires, d'autres plutôt attentistes. On perçoit là une différence qui commence à s'opérer entre le temporel et le spirituel, le temporel étant régi par les Romains, tant qu'ils ne font pas quelque chose qui va contre la Loi. Ainsi, les pharisiens paraîtront modérés en la matière. Ils ne seront pas les premiers à exciter les foules, même si, après 66, lorsque tout le monde se sera mis à combattre, ils se joindront à ce combat.

ALAIN HOUZIAUX : Autre question, plus théologique celle-là : *Est-ce que Jésus s'est présenté comme la Parole vivante de Dieu ?*

PIERRE GEOLTRAIN : C'est une question sans réponse, pour moi. Si vous me demandez si Jésus Christ a eu conscience d'être la Parole vivante de Dieu, si vous me posez la question sous cette forme précise, je réponds : non. Qu'il ait parlé avec autorité comme le disent les évangiles, oui. De ce point de vue-là, un certain nombre de rabbins parlaient aussi au sujet de la Loi et de l'explication de la Loi avec autorité. Si Jésus a eu une réelle autorité, c'est qu'elle était de type prophétique, il s'exprimait plus comme un prophète que comme un interprète de la Loi. En cela il s'inscrivait beaucoup plus dans le mouvement apocalyptique. Mais à Qumrân, la parole se présente aussi comme « prophétique », c'est-à-dire « inspirée ». L'auteur du *Livre des Hymnes*, par exemple, parle vraiment comme un prophète inspiré. De même, les commentaires bibliques à Qumrân relèvent d'une exégèse « inspirée », tandis que d'autres textes, comme le *Rouleau du Temple,* se donnent comme une interprétation juridique des textes de la Loi.

CHARLES PERROT : On ne peut pas demander à un historien, en tant que tel, de se situer au niveau de la conscience de quelqu'un. Cela vaut pour tout le monde, y compris pour Jésus. On ne peut pas non plus contester que les différents milieux judéo-chrétiens insistent tous sur le fait que Jésus se présentait comme le prophète de Dieu, c'est-à-dire le porte-parole de Dieu. Mais, sauf dans la littérature johannique[2], et encore, on n'entend pas Jésus dire : « Je suis la Parole de Dieu. » Cette formulation, valable au plan théologique, trouve son support dans la manière même dont Jésus se situe par rapport à celui qu'il désigne comme son Père, et par rapport à la Loi, comme s'il était lui-même une nouvelle révélation de Dieu, et donc une nouvelle parole de Dieu.

ALAIN HOUZIAUX : Je voudrais conclure par quelques mots, en insistant sur le lien entre Jésus et le judaïsme, et aussi sur ce qu'il a apporté de nouveau par rapport au judaïsme.

La veille de sa mort, Jésus célèbre le repas de la Pâque juive[3]. Et on ne peut comprendre ce que dit et ce que fait Jésus lors de ce repas que si l'on se rappelle de quelle manière était célébré le repas de la Pâque juive à l'époque de Jésus.

Que signifie « Ceci est mon corps » ? Dans le repas de la Pâque juive, on plaçait sur la table de communion trois galettes de pain azyme empilées les unes sur les autres. Celle du dessus représentait l'ensemble des prêtres d'Israël (« le

---

2. L'évangile de Jean, les épîtres de Jean.

3. Je sais qu'il y a des opinions différentes sur ce point, mais celles-ci sont sans importance pour mon propos.

corps » des prêtres, la caste des prêtres d'Israël), celle du milieu représentait « le corps » des lévites d'Israël, et celle du dessous représentait « le corps » du peuple d'Israël lui-même[4]. Ainsi, à elles trois, les galettes de pain azyme symbolisaient l'ensemble de la tradition et de la foi du peuple d'Israël. Et le président du repas de la Pâque partageait ces trois galettes de pain, l'une après l'autre, avec ceux qui participaient au repas. Symboliquement, il leur donnait en nourriture la substance, la quintessence, le « corps » de la vie et de la piété juive, c'est-à-dire l'enseignement des prêtres, la prière des lévites et la foi du peuple d'Israël lui-même.

Jésus, lui, utilise une seule galette au lieu de trois. Cette galette représente la totalité de la foi et de la piété juives, c'est-à-dire à la fois l'enseignement des prêtres, la prière des lévites et la foi du peuple d'Israël lui-même. Et Jésus partage cette galette avec ses disciples en disant : « Ceci est mon corps donné pour vous. » Au moment où il dit : « Ceci est mon corps », Jésus montre la galette qui, selon le rituel de la Pâque juive de l'époque, représente l'enseignement, la quintessence et la foi d'Israël.

En disant « Ceci est mon corps donné pour vous », Jésus n'institue pas une identité bizarre entre son corps et une galette de pain, il affirme qu'il y a une identité entre le « corps » de sa foi et de sa vie avec le « corps » de la foi et de la vie du peuple d'Israël.

Que signifie : « Cette coupe est la nouvelle alliance en mon sang versé pour la multitude, pour le pardon des péchés » ? Dans le repas de la Pâque juive, tel qu'il était célébré à l'époque de Jésus, il y avait quatre coupes de vin qui étaient successivement distribuées au milieu et à la fin du

---

4. Les prêtres étaient chargés des sacrifices et de l'enseignement, les lévites étaient chargés des chants et de la prière.

repas. Et la distribution de la quatrième coupe était accompagnée de cette prière un peu terrifiante : « Ô Dieu, répands ta colère sur les peuples qui ne te reconnaissent pas et sur les royaumes qui ne prononcent pas ton nom[5]. » Jésus, lui, au contraire, célèbre le repas de la Pâque avec une seule coupe[6]. Et il ne prononce pas la formule juive de malédiction sur les non-juifs. Au contraire, il dit : « Cette coupe est la nouvelle alliance en mon sang versé pour la multitude, pour le pardon des péchés. » Il dit explicitement que c'est la multitude des hommes, c'est-à-dire tous les hommes, juifs et non-juifs, qui sont mis au bénéfice de la grâce et de la liberté offertes à Israël[7].

Ainsi, Jésus Christ se montre on ne peut plus fidèle à ses racines juives. Il s'identifie à la foi juive. Et pourtant, il ouvre le sens de la foi juive à ceux qui ne sont pas juifs. Le christianisme, c'est le judaïsme pour les non-juifs.

5. Psaume 79, 6.
6. Deux, selon la version de Luc.
7. D'après Schalom BEN CHORIN : *Mon frère Jésus*, Paris, Seuil, 1967.

II

JÉSUS ET JEAN BAPTISTE

3

DE JEAN BAPTISTE À JÉSUS

Pierre GEOLTRAIN

Le sujet de cette contribution nous renvoie à l'histoire du judaïsme au Ier siècle avant notre ère et au Ier siècle de notre ère[1]. En effet, pour bien traiter le sujet, il faudrait retracer l'histoire – ou du moins ce que nous en savons – d'une part de ce qu'on appelle « le mouvement baptiste » et les pratiques baptismales dans le judaïsme, en Palestine, en Syrie et dans la diaspora ; et d'autre part celle du mouvement apocalyptique

---

1. **Bibliographie.** Numéro spécial de la revue *Notre histoire : Qui a écrit la Bible ?*, n°s 160-161, 1998, p. 56-59. Laurent GUYÉNOT, *Le Roi sans Prophète, l'enquête historique sur la relation entre Jésus et Jean Baptiste*, s. l., 1996. Étienne NODET, « Jésus et Jean Baptiste selon Josèphe », *Revue biblique*, n° 92, 1985. Jean DANIÉLOU, *Jean Baptiste, témoin de l'Agneau*, Paris, 1964.

Deux ouvrages anciens, dont les auteurs ne pouvaient connaître les découvertes de Qumrân, demeurent essentiels sur le sujet : Maurice GOGUEL, *Au seuil de l'Évangile, Jean Baptiste*, Paris, 1928. Joseph THOMAS, *Le mouvement baptiste en Palestine et Syrie*, Gembloux, 1935.

La plupart des ouvrages concernant Jésus traitent de la relation de ce dernier avec Jean Baptiste. Voir, entre autres, les livres récents de C. PERROT, *Jésus,* Que sais-je ? n° 3300, Paris, PUF, 1998, p. 38-51. É. TROCMÉ, *L'enfance du christianisme,* Paris, 1997, p. 25-35. M.-F. BASLEZ, *Bible et histoire, judaïsme, hellénisme, christianisme,* Paris, 1998, p. 195-199 et p. 427.

juif que j'ai évoqué précédemment, ainsi que celle de Qumrân, des esséniens, dont on parlera ultérieurement. En fait, tous ces sujets se croisent. Les rites d'eau, le bain ou les baptêmes, sont pratiqués par les uns et par les autres. La plupart de ces milieux sont dans l'attente de la fin des temps, de la visite de Dieu, du « jour de Yaveh », c'est-à-dire du jugement qui vient et qui est proche.

Quelques mots seulement sur le mouvement baptiste, à travers des exemples. Je laisse de côté les pratiques baptismales, ou plus exactement les pratiques de bains de pureté en usage dans la secte de Qumrân, dont traitera la prochaine contribution. Ce sont des pratiques qui supposent que toutes les ablutions et tous les rites de pureté n'ont aucune efficacité si d'abord « on ne se repent pas de sa malice », comme le dit la *Règle* de Qumrân. Autrement dit, ce n'est pas le bain qui transforme la personne, mais c'est parce qu'il y a un retournement, une conversion de la personne que les rites de pureté prennent leur signification et leur valeur.

LE MOUVEMENT BAPTISTE

Il serait trop long d'énumérer toutes les pratiques baptistes que l'on recense dans le judaïsme de cette époque. Je prendrai deux exemples. D'abord celui que rapporte Flavius Josèphe dans son autobiographie. Jeune aristocrate de quinze ans, issu d'une très bonne famille hiérosolymitaine, il avait pensé adopter le genre de vie des esséniens, puis il avait entendu parler d'un solitaire aux mœurs très sévères, dont voici le portrait :

> J'appris qu'un certain Banus vivait au désert dans la solitude, qu'il se fabriquait un vêtement avec l'écorce et les

feuilles des arbres, qu'il se nourrissait des produits spontanés de la nature, et qu'il prenait nuit et jour dans l'eau froide de nombreux bains de pureté. Je m'attachai à lui, à titre de disciple, l'imitant dans sa vie austère[2].

Évidemment, Flavius Josèphe n'a pas résisté longtemps à cette vie ascétique et a quitté Banus, ermite qui vivait dans la solitude, c'est-à-dire très probablement dans le désert, qui accueillait des disciples, se vêtait, comme Jean Baptiste, de manière pour le moins rustique – quasi sauvage –, ne prenait pour nourriture que ce que lui offrait la nature, et, enfin, ne cessait de se purifier par de nombreux bains. On s'est beaucoup interrogé sur l'origine de ce solitaire. On l'a souvent rattaché au mouvement essénien, pensant que ce pouvait être un dissident, un indépendant, ou un membre essénien du tiersordre, puisque certains membres de la secte pouvaient vivre en dehors de la communauté. En fait, on n'est sûr de rien, mais il est intéressant de savoir qu'à l'époque de Jean Baptiste – c'était à peu près l'époque où Flavius Josèphe avait quinze ans – existait un personnage menant un tel genre de vie.

Le deuxième exemple concernant des mouvements baptistes, nous le trouvons ailleurs, dans la diaspora juive. De célèbres oracles attribués à la Sibylle circulaient dans l'Antiquité. Les juifs, puis les chrétiens à leur suite, ont utilisé ces textes pour répandre leurs convictions. Dans un oracle du IVe livre des *Oracles sibyllins*, que tous les critiques considèrent comme un texte de provenance juive, voici ce que dit la Sibylle (il s'agit donc de la Sibylle grecque, censée prêcher une certaine forme de judaïsme) :

---

2. *Vita*, E II, éd. S. A. Naber, 1893, Œuvres complètes de Flavius Josèphe, t. IV, p. 314-315.

> Malheureux mortels, changez de conduite, ne poussez pas
> le Grand Dieu à manifester sa colère ! Laissez les épées, les
> gémissements, les meurtres et les violences ! Purifiez-vous tout
> le corps dans des fleuves au cours perpétuel ! Puis, tendant vos
> mains vers l'éther, de vos forfaits passés demandez le pardon
> et, par des prières, expiez votre odieuse impiété ! Dieu aura
> repentir et ne vous perdra pas ; sa colère s'apaisera encore si
> vous cultivez tous en votre cœur l'inestimable piété[3].

Sous le vocabulaire grec de la Sibylle – la notion de « piété », par exemple – on retrouve la conversion, le baptême, et la manière d'éviter la colère divine. On a longtemps pensé qu'il s'agissait de ce qu'on appelle dans le judaïsme le baptême des prosélytes. Aujourd'hui, cette thèse n'est plus guère acceptée. Nous avons là plus probablement le genre de message que les sectes baptistes et appartenant de près ou de loin au mouvement apocalyptique pouvaient prêcher jusque dans les communautés juives du monde gréco-romain.

JEAN BAPTISTE ET JÉSUS

Pour les lecteurs assidus du Nouveau Testament, les deux noms de Jean Baptiste et de Jésus sont inséparables. On pourrait d'ailleurs inverser les termes et dire : « Jésus et Jean Baptiste » aussi bien que « Jean Baptiste et Jésus ». Chronologiquement, l'un vient avant l'autre. Mais, justement, le fait qu'il y ait cette succession entre Jean Baptiste et Jésus a toujours fait problème. Nous allons voir de quelle façon. Deux épisodes très significatifs montrent le lien que les chrétiens et les écrivains du Nouveau Testament ont

---

3. *Oracles sibyllins* IV, 162-170.

voulu mettre entre Jean Baptiste et Jésus : le récit du baptême de Jésus par Jean Baptiste d'une part et d'autre part la formidable construction littéraire des premiers chapitres de l'évangile de Luc, ce récit de l'enfance où est narrée en parallèle l'aventure de deux femmes qui sont cousines, Élisabeth et Marie : annonce céleste des naissances pour l'une et pour l'autre ; cantique de chacune – en fait des psaumes tissés de références vétéro-testamentaires ; naissance et destin prophétisé de chacun des enfants. Et, curieusement (on ne pouvait faire plus), on les donne pour tout à fait contemporains. À la lecture de l'évangile de Luc on pense que Jésus est né quelques mois après Jean Baptiste, qui serait son cousin germain.

Cependant, on pourrait relever des contradictions : Jean Baptiste serait fils de prêtre, à Jérusalem, Marie vient de Nazareth... Rien n'empêche le cousinage, mais rien ne le prouve non plus. On a là une interprétation de l'évangéliste Luc, une théologie qui lui est propre, destinée à souligner qu'avec Jean Baptiste c'est la période juive qui s'achève et qu'avec Jésus c'est une autre foi et une autre religion qui se mettent en place. Il y a sans doute transformation en légende généalogique d'une tradition qui certainement établissait une relation forte entre Jean Baptiste et Jésus. Mais au-delà de cette symphonie pastorale et de la prophétie sur le destin des deux enfants, on peut atteindre au moins quelques éléments de réalité. La question est alors : ces relations entre Jésus et Jean Baptiste ont-elles été harmonieuses ? Y a-t-il eu rivalité, concurrence, jugement porté par l'un sur l'autre, concorde ou dissension entre les disciples de l'un et de l'autre ?

Je vous donnerai tout de suite ma conclusion. Du point de vue de l'histoire, le peu qu'on puisse savoir m'apparaît être ceci : Jésus a probablement été disciple de Jean Baptiste ; il a très certainement recruté ses premiers disciples parmi les disciples de Jean Baptiste. Après la mort de Jean Baptiste, il n'a pas poursuivi l'activité baptiste de ce dernier. Autant son premier message a pu être parfaitement identique à celui de Jean Baptiste – appel à la conversion devant la proximité de l'intervention divine – autant il semble s'être détaché de sa pratique baptismale.

QUI EST JEAN BAPTISTE ?

Les trois premiers évangiles font dire à Jésus que Jean Baptiste est « celui qui devait venir » et qu'« il annonce celui qui doit venir[4] ». Autrement dit, il est ou « un prophète », comme le suggèrent certains textes, ou « le Prophète » de la fin des temps comme le supposent d'autres textes. Mais de quelle annonce ce prophète est-il chargé ? Pour les écrivains du Nouveau Testament, pour les évangiles selon Matthieu, Marc, Luc ou Jean à plus forte raison, il n'y a aucun doute : Jean Baptiste est venu pour annoncer la venue de Jésus, et de Jésus comme Messie. Cependant, nous nous trouvons là devant une interprétation relativement tardive de la deuxième génération chrétienne (très visible dans l'évangile dit « selon Jean » en particulier). À l'origine, Jean Baptiste est celui qui annonce la venue du Seigneur, c'est-à-dire la venue de Dieu, *Adonaï,* ce que les chrétiens par la suite ont interprété ainsi : Adonaï, le Seigneur, se dit en grec *o kurios,* et ce *kurios,* ce Seigneur, c'est Jésus.

Jean Baptiste a certainement été considéré comme plus qu'un simple prophète. Certains textes nous le disent et l'on met même ces paroles dans la bouche de Jésus :

---

4. Matthieu 11, 3 et 14.

Qu'êtes-vous allés voir au désert ? Un roseau agité par le vent ? Qu'êtes-vous allés voir ? Un homme vêtu d'habits précieux ? Voici, ceux qui portent des habits précieux sont dans les maisons des rois. Qu'êtes-vous donc allés voir ? Un prophète ? Oui, je vous le déclare, et plus qu'un prophète... Tous les prophètes, ainsi que la loi, ont prophétisé jusqu'à Jean, et si vous voulez l'accepter (ou si vous voulez le comprendre) c'est lui qui est Élie qui devait venir[5].

La venue de Jean Baptiste aurait donc été l'accomplissement de la prophétie de Malachie : « Je vous enverrai un prophète semblable à Élie[6]. » Ce texte, comme plusieurs autres, reflète cette idée qui court dans le judaïsme : la prophétie s'étant terminée avec les derniers prophètes, on attend un prophète pour la fin des temps, qui doit annoncer la venue soit de Dieu, soit du Messie. Ainsi, chez les esséniens de Qumrân : dans la *Règle*, on lit que tous ceux qui entrent dans la secte seront régis par des ordonnances, jusqu'à la venue du Prophète et des Messies d'Aaron et d'Israël, c'est-à-dire d'un Messie-prêtre et d'un Messie-roi. Cette attente du Prophète est donc bien attestée dans le judaïsme de cette époque et il n'est pas étonnant qu'on se soit posé la question de savoir si ce Jean qui baptisait n'était pas le personnage attendu.

Quant à l'origine de Jean Baptiste, nous en sommes réduits aux hypothèses. On a supposé, comme on l'a fait pour Banus, qu'il aurait plus ou moins fréquenté la communauté de Qumrân ou le milieu essénien. Nous n'en savons rien. On peut en effet remarquer qu'il n'y a pas de commune mesure entre les pratiques de pureté et de bains rituels exigées à Qumrân et le baptême avant la fin des temps que,

5. Matthieu 11, 13-14.
6. Malachie 3, 23.

selon les évangiles, Jean Baptiste propose à tout le peuple et pas seulement à un petit groupe de disciples. Cependant, les évangiles selon Matthieu et selon Marc n'ont aucun doute sur le rôle et la fonction de Jean Baptiste. À la question des disciples : « Pourquoi les scribes disent-ils qu' Élie doit venir d'abord ? », ils font répondre par Jésus : « Il est vrai qu'Élie doit venir et rétablir toutes choses... Eh bien, je vous le déclare, Élie est venu et ils lui ont fait tout ce qu'ils voulaient, selon ce qui est écrit de lui [7].» C'est une confirmation de la manière dont les écrits chrétiens mettent dans la bouche de Jésus une déclaration reconnaissant sans réserve la mission et la personnalité de Jean Baptiste : il est le Prophète de la fin des temps.

Les premiers chrétiens ont vu dans le Baptiste le précurseur de Jésus et ils le disent clairement. Dans le même temps, nous savons que les disciples de Jean considéraient, eux aussi, Jean comme celui qui prépare les voies non pas d'un Messie, mais de Dieu lui-même pour le Jugement dernier. D'où la question : « Jean Baptiste ne serait-il pas le Messie ? » (Luc 3, 15), qui aurait été débattue du vivant même de Jean Baptiste et que ses disciples débattront encore au IIe siècle, comme nous le verrons.

Or, dans l'évangile dit « selon Jean », nous trouvons une attitude beaucoup plus critique. Alors que l'on est prêt, dans les trois premiers évangiles, à reconnaître au Baptiste la qualité de prophète, le quatrième évangile fait mettre dans la bouche de Jean Baptiste une déclaration selon laquelle il n'est pas le Prophète. « Ils lui demandaient : "Es-tu Élie ?" Il répondit : "Je ne le suis point." "Es-tu le prophète ?" Et il répondit : "Non[8]." » Je ne sais si Jean Baptiste s'est vraiment

---

7. Marc 9, 11-13.
8. Jean 1, 21.

dit prophète, Élie, ou pas. Par rapport aux textes des trois premiers évangiles où ce titre lui est reconnu, on voit que le quatrième évangile le lui fait refuser solennellement. Il y a très visiblement dans le quatrième évangile une polémique et une critique sévère, non pas de Jean Baptiste, mais de la façon dont ses disciples le vénèrent, le célèbrent, et l'opposent probablement à Jésus, en disant : « Jésus n'est jamais qu'un ancien disciple de Jean Baptiste. » À l'époque de la rédaction de l'évangile dit « selon Jean », dans un milieu que nous connaissons mal, mais que l'on peut situer en Asie Mineure, il a dû y avoir des rivalités, et même de violentes polémiques entre les disciples de Jean Baptiste et ceux de Jésus pour savoir qui est qui, qui est le prophète, qui est le Messie. Ce même évangile, en effet, attribue à Jésus toutes les fonctions du Prophète et fait renoncer Jean Baptiste à toute prétention messianique : « Vous m'êtes témoins que j'ai dit : "Je ne suis pas le Christ"... Il faut qu'il croisse et que je diminue[9]. »

Si Jésus peut avoir été considéré comme le Prophète, il faut aussi rappeler qu'on a pu même le prendre pour Jean Baptiste, comme en témoigne le second évangile :

> Jean Baptiste est ressuscité des morts, c'est pour cela qu'il se fait par lui [par Jésus] des miracles. D'autres disaient : « C'est Élie. » Et d'autres disaient : « C'est un prophète comme les autres prophètes. » Mais Hérode en apprenant cela disait : « Ce Jean que j'ai fait décapiter, c'est lui qui est ressuscité[10]. »

Ce curieux texte suppose peut-être un tout autre rapport d'âge entre Jésus et Jean Baptiste. Jésus serait plus jeune que

---

9. Jean 3, 30.
10. Marc 6, 14-16. Comparer Marc 8, 28.

Jean Baptiste[11], c'est pourquoi l'on se demande – quand on le voit si comparable à Jean dans ses paroles et ses prises de distance, alors qu'il n'est pas physiquement reconnaissable en tant que Jean Baptiste – s'il n'est pas le Baptiste ressuscité, *redivivus*, digne des titres de « prophète » et même de « prophète semblable à Élie ».

Selon les évangiles, Jean Baptiste a pour seul message : « Convertissez-vous, le règne de Dieu est devenu proche[12]. » Cela signifie : « Dieu vient régner et Dieu va juger. » C'est l'annonce du « jour de Yaveh ». Matthieu met dans la bouche de Jean Baptiste cette fameuse parole : « Qui vous a montré le moyen d'échapper à la colère qui vient ? » Lorsque Jésus commence à prêcher, il ne dit rien d'autre : « Le temps est accompli, le règne de Dieu est devenu proche[13]. » C'est une des raisons qu'on peut avoir de penser que Jésus a été, un certain temps au moins, disciple de Jean Baptiste.

Tout ce qu'on nous raconte ensuite – le fait que Jean Baptiste le reconnaît comme envoyé divin, comme plus grand que lui, etc. – est une construction théologique postérieure. Il faut d'ailleurs se dire que celui qui vient après n'est pas forcément le plus grand, que c'est peut-être celui qui vient avant. Nous avons en effet les traces d'une polémique autour de cette fameuse phrase : « Celui qui vient après moi est plus grand que moi. » C'est la déclaration que l'on met dans la bouche de Jean Baptiste, comme un écho de celle de Jésus : « Parmi les fils de femme, il n'en est pas de plus grand que Jean Baptiste, mais celui qui est plus petit [c'est-à-dire moi, celui qui vient après ou qui est plus jeune] est plus

11. Actes 13, 25 : « ... alors qu'il [Jean] achevait sa carrière ... ».
12. Matthieu 3, 2.
13. Marc, 1, 15.

grand dans le Royaume[14]. » De fait, les chrétiens et les disciples de Jean Baptiste n'ont cessé de discuter de la priorité de l'un sur l'autre.

LE TÉMOIGNAGE DE FLAVIUS JOSÈPHE

Il parut évident à plus d'un que Dieu lui-même avait mis en déroute l'armée d'Hérode, tirant ainsi une vengeance bien méritée du meurtre de Jean surnommé le Baptiste. Hérode en effet l'avait mis à mort. C'était pourtant un homme de bien, qui recommandait aux juifs la pratique de la vertu, qui les exhortait à être justes entre eux et pieux envers Dieu, qui leur conseillait de venir en foule à son baptême [ou « de s'unir à lui par le baptême »]. « Ce bain, disait-il, vous conciliera la faveur divine, si vous le recevez non pas en vue de la rémission de certaines fautes, mais pour la pureté du corps, après que vous aurez purifié votre âme au préalable par des œuvres de justice. » Les foules allaient à lui. Elles étaient conquises par la chaleur de ses discours. Hérode eut peur. Il craignait que l'influence énorme que cet homme exerçait sur le peuple ne le poussât à fomenter une révolte. Ne semblait-on pas lui demander conseil à toute occasion ? Il préféra donc prévenir tout événement fâcheux et se saisir de lui, plutôt que de laisser les choses se dérouler et d'avoir alors à regretter un fait accompli. Se défiant de lui, Hérode le fit conduire chargé de fers à Machéronte. C'est là qu'il le fit mourir. Et les juifs voyaient dans le désastre subi par l'armée une punition infligée par Dieu à Hérode à cause de ce crime[15].

Ce texte, bien en situation dans le texte de Flavius Josèphe, n'est sans doute pas une interpolation chrétienne

---

14. Matthieu 11, 11 ; Luc 7, 28.
15. *Antiquités juives* XVIII, 116-119.

69

– c'est-à-dire une addition faite par des scribes chrétiens. On le voit à plusieurs éléments dont le plus évident, pour un lecteur des évangiles, est la manière dont il relate la fin de Jean Baptiste. Ce dernier est bien mort à Machéronte, mais aucune allusion n'est faite au scénario évangélique : liens du Baptiste avec Hérode, haine d'Hérodiade, banquet et serment d'Hérode, décapitation et tête du supplicié apportée sur un plat[16]... Flavius Josèphe, qui sait écrire l'histoire pour donner aux Romains une bonne opinion du peuple juif, a peu d'égards pour ceux de ses coreligionnaires qui risquent d'apparaître comme des révoltés et qui ont mis la Palestine à feu et à sang. Derrière les expressions grecques qu'il emploie pour se faire comprendre de ses lecteurs romains, avec des mots proches de ceux des oracles sibyllins – « purifier son âme par des œuvres de justice... la piété... se concilier la faveur divine... » –, son témoignage permet de supposer que le Baptiste avait tenu une place suffisamment importante dans l'histoire récente du peuple juif pour qu'il soit, comme Banus, digne d'être mentionné en tant que modèle de religiosité vertueuse. Josèphe, ce faisant, confirme la stature du personnage que nous livre la tradition chrétienne dans une autre perspective : celle d'un maître de Jésus et, pour certains, son rival.

Les Romains et les Grecs s'étonnaient, voire se moquaient de ces pratiques baptismales, qu'elles soient juives ou non juives d'ailleurs. Ils pensaient qu'il était trop aisé de pouvoir se laver de tous ses crimes en se plongeant dans l'eau d'un fleuve. Le témoignage de Josèphe leur rappelle que le baptême est le signe d'une purification préalable de l'âme « par des œuvres de justice ».

_____

16. Marc 6, 17-29.

Le problème demeure, tel qu'il s'est posé aux disciples de l'un et de l'autre, de savoir quelle a été la juste relation entre Jean Baptiste et Jésus. À la lecture des textes anciens, on constate que la reconnaissance du rôle du Baptiste et de son lien avec Jésus est tempérée de réserves (Jean Baptiste en prison est saisi par le doute au sujet de Jésus) qui vont devenir discussions polémiques entre disciples des deux maîtres. Jean Baptiste a-t-il vu en Jésus « celui qui devait venir » ou les évangélistes ont-ils eu tendance à forcer le trait pour voiler une rupture entre les deux hommes ? La question doit être posée, mais la réponse reste pour nous incertaine. Ce qui est certain, c'est que des disciples du Baptiste ont été persuadés que leur maître était non seulement le Prophète, mais le Messie. On en trouve la trace dans le *Roman pseudo-clémentin*[17] qui met en scène les disciples de Jésus convoqués à une grande dispute arbitrée par Caïphe :

> Or voici qu'un des disciples de Jean se mit à prétendre que Jean, et non pas Jésus, était le Christ. « D'autant, disait-il, que Jésus lui-même avait déclaré que Jean était supérieur à tous les hommes et à tous les prophètes. Si donc, poursuivit-il, il est supérieur à tous, il faut sans aucun doute le tenir pour supérieur à Moïse et à Jésus lui-même. Et s'il est supérieur à tous, c'est lui le Christ. »

Même si le raisonnement est caricaturé par notre auteur, cela prouve qu'au moins quelques disciples de Jean affirmaient que le Christ n'était pas Jésus mais Jean Baptiste (on est là en présence d'une tradition qui remonte au IIᵉ siècle).

---

17. Dans sa version latine qu'on appelle les *Reconnaissances,* chapitre 60.

À ces affirmations, Simon le Cananéen répondit en disant que si Jean était supérieur à tous les prophètes et à tous ceux qui sont fils des femmes, il n'était pas supérieur au Fils de l'homme ; et pour cette raison Jésus est aussi le Christ alors que Jean est seulement prophète. Il y a autant de différence entre ce dernier et Jésus qu'il y a de différence entre le précurseur et celui dont la venue est annoncée, ou qu'entre celui qui donne la loi et celui qui l'observe. Après avoir prononcé ces paroles et d'autres semblables, le Cananéen garda lui aussi le silence.

Ainsi s'achève le récit de cette polémique devant Caïphe... Vous aurez remarqué l'argumentation fondée sur l'opposition *fils des femmes, Fils de l'homme,* sans doute reprise de l'évangile de Matthieu (11, 11). Donc, parmi les fils des femmes, Jean est le plus grand, mais Jésus est le Fils de l'homme et, en conséquence, le Messie. Le « Fils de l'homme », expression tirée du *Livre de Daniel,* désigne un personnage céleste. Mais cela n'explique pas tout. En effet, les traditions reprises dans le *Roman pseudo-clémentin* proviennent d'un milieu judéo-chrétien qui professe des théories très particulières, notamment une interprétation originale de l'histoire humaine organisée par couples, depuis Adam et Ève jusqu'à l'histoire présente. Dans le couple Adam-Ève, Adam est le premier créé et le meilleur, il est venu *avant* et incarne le principe masculin, toujours positif. Ève est l'aspect négatif du couple, puisqu'elle a fait chuter Adam ; elle est venue *après* et figure le principe féminin. Mais à partir de Caïn et Abel, l'ordre est inversé. Celui qui vient avant appartient au principe féminin et incarne toujours la fausseté, le mensonge, les ténèbres... Celui qui vient après est bon, dit la vérité, demeure dans la lumière du principe masculin... Ainsi en est-il pour Caïn et Abel, Ésaü et Jacob, et ainsi de suite, en passant par Aaron et Moïse et jusqu'à Jean Baptiste qui, venu avant, représente le principe féminin, le principe mauvais et une prédication mensongère. En revanche, Jésus, venu après, se trouve du côté positif (il est Fils de l'homme). Il en est de même, par exemple, pour le couple Simon le Magicien-Pierre. En fonction de cette lecture de l'histoire, Jean Baptiste représente la fausse prophétie tandis que Jésus est le Prophète, le Prophète de vérité, le Vrai Prophète, celui qui s'est incarné en Adam d'abord, en Moïse ensuite, en Jésus enfin. Dans ce milieu judéo-chrétien, on paraît avoir exalté Jésus comme prophète plutôt que comme messie. Cette forme de reconnaissance de l'envoyé divin dans la figure du prophète a d'ailleurs perduré dans l'histoire religieuse, probablement empruntée au judéo-christianisme d'Arabie par Mahomet et l'islam. Mahomet est le dernier prophète, la dernière réincarnation du vrai prophète, qui assume la révélation des grands personnages de la tradition biblique, Adam, Abraham, Moïse et Jésus.

Reste une question, celle de la pratique du baptême par Jésus. D'après les évangiles synoptiques, Jésus ne baptise pas. Il est baptisé par Jean Baptiste, mais ne pratique pas lui-même le baptême. D'après l'évangile dit « selon Jean », Jean Baptiste aurait baptisé de son côté, tandis que Jésus baptisait du sien, mais on précise bientôt : « Toutefois, Jésus lui-même ne baptisait pas, mais ses disciples[18]. » Le quatrième évangile présente donc deux groupes qui baptisent dans une véritable concurrence, soulignée par le fait qu'on nous rapporte que Jésus aurait fait « plus de disciples et en baptisait plus que Jean[19] ». On pressent une forte rivalité que l'évangile selon Jean connaît très probablement à l'époque où il est rédigé et qu'il reporte sur la période des origines.

---

18. Jean 4, 2.
19. Jean 4, 1.

Si les évangiles synoptiques, eux, ne font aucune mention de Jésus baptisant, l'évangile selon Matthieu rapporte, dans ses derniers versets, l'ordre du Christ ressuscité à ses disciples d'aller « faire de toutes les nations des disciples, les baptisant au nom du Père et du Fils et du Saint-Esprit ». Cette formule reflète à l'évidence la pratique de l'Église ancienne. Sans doute les disciples de la première heure n'ont-ils pas cherché d'autre rite d'entrée dans la communauté que celui qu'ils connaissaient pour l'avoir observé dans l'entourage du Baptiste, négligeant apparemment le fait que Jésus avait délaissé cette pratique au cours de sa vie publique. Cependant, le baptême « chrétien » ne pouvait être la simple reproduction du baptême de Jean. Il fallait qu'il lui fût supérieur et donc chargé d'une signification nouvelle. Parmi les voies possibles, celle choisie par la théologie des Actes des Apôtres différencie les deux rites (de manière souvent caricaturale) : le baptême « au nom de Jésus » est le seul qui permette aux croyants de recevoir le don de l'Esprit. En conséquence, le « baptême de Jean », qui n'est pas sans valeur, est par nature un rite incomplet et tout fidèle qui n'a reçu que le baptême de Jean doit être rebaptisé « au nom de Jésus » pour être au bénéfice des dons que confère l'Esprit saint. Cette représentation quasi mécanique des choses en dit long sur la concurrence qui a perduré entre fidèles du Baptiste et chrétiens. Elle soulève aussi la question de la constitution progressive d'une théologie du baptême dans l'Église ancienne, qui serait un tout autre sujet.

Pour terminer, quelques mots sur le sort des groupes qui se réclamaient de Jean Baptiste. Nous avons vu que des textes du IIe siècle entretiennent avec eux une polémique, preuve de leur existence à cette époque. Diverses notices hérésiologiques confirment qu'au IIIe siècle des johannites[20] persistent

---

20. Des disciples de Jean Baptiste.

en Syrie. Puis on perd leur trace, soit qu'ils aient disparu, fondus dans d'autres sectes baptistes (ou confondus avec elles par les hérésiologues), soit que leur nombre et leur influence soient devenus si faibles que les écrivains chrétiens n'aient même plus jugé utile de les mentionner.

On crut avoir retrouvé leurs descendants au XVIIe siècle lorsque des voyageurs européens qui traversaient la Mésopotamie rencontrèrent les fidèles d'une secte qui se réclamait de Jean Baptiste. Les premiers observateurs les appelèrent de manière inexacte « chrétiens de saint Jean ». Eux-mêmes se disaient mandéens – c'est-à-dire « connaissants » ou « gnostiques » – mais aussi nazoréens, dénomination courante des chrétiens en Orient, d'où une confusion bien compréhensible. Il a fallu attendre notre siècle pour avoir une publication des écrits conservés par les mandéens dans un dialecte araméen, qui fut sans doute leur langue parlée jadis mais qui n'est plus que leur langue religieuse, l'arabe étant devenu depuis longtemps leur langue d'usage courant. On peut donc lire aujourd'hui leurs livres essentiels : les *Liturgies*, le *Ginzâ*, c'est-à-dire le Trésor, et le *Livre de Jean*.

Une « fièvre mandéenne » s'empara des savants entre les deux guerres mondiales. On voulut expliquer l'histoire des origines du christianisme à partir de cette secte gnostico-baptiste. On avança si loin cette hypothèse qu'elle a été depuis abandonnée, ruinée par son excès même, et que les études mandéennes en souffrirent un certain temps. Ce n'est plus le cas maintenant. On peut dire aujourd'hui que le mandéisme est très probablement une secte baptiste installée en Irak à une date ancienne que nous ne connaissons pas exactement, en tout cas avant la conquête de l'islam, puisque les textes mandéens ont conservé le souvenir de l'arrivée de l'islam en Basse-Mésopotamie.

Les livres que nous possédons reflètent sans doute les dernières étapes de la religion mandéenne, car ils ne présentent aucune homogénéité de rite ou de doctrine. Sans originalité, ils semblent tributaires d'autres sectes baptistes ou gnostiques par lesquelles ils ont eu connaissance de traditions juives et surtout chrétiennes. Or, le mandéisme a ses origines en Mésopotamie et conserve les traces d'une influence iranienne. Hostile au judaïsme, au christianisme et à l'islam, il s'est emparé de la figure d'un Jean Baptiste légendaire et d'un Jourdain mythique pour affirmer son identité face à la pression d'un islam convertisseur. Autant l'étude du mandéisme présente un intérêt majeur pour l'histoire des mouvements baptistes et gnostiques, autant il est vain d'en attendre la découverte d'une tradition fiable sur Jean Baptiste ou Jésus. Le mandéisme n'a retenu des traditions colportées par les groupes religieux qui l'entouraient que la polémique entre johannites et chrétiens au sujet de leurs maîtres respectifs, afin d'argumenter sa propre querelle avec le christianisme. Ne nous y trompons pas : les mandéens ne sont pas les lointains descendants des véritables disciples de Jean Baptiste.

4

DU BAPTÊME DE JEAN BAPTISTE AU BAPTÊME CHRÉTIEN

Claude TASSIN

Une courte anecdote pour commencer. Pierre Geoltrain vient de parler des mandéens, qu'on appelle aussi les sabéens, d'une racine sémitique *Seba*, qui veut dire baptiser, plonger. Il y a une dizaine d'années, je me trouvais dans une petite communauté chrétienne dans un pays du Maghreb et, à la veillée pascale, nous avons vu arriver trois beaux Irakiens endimanchés, qui nous ont dit : « Nous sommes sabéens, des disciples de Jean Baptiste, nous sommes des gens du Livre et voulons célébrer la fête avec vous. » Nous les avons accueillis. À côté des sabéens, on retrouve aussi des masbothéens, c'est la même racine, qui désigne d'autres groupes baptistes.

Je voudrais maintenant tenter de saisir comment on est passé du baptême de Jean Baptiste au baptême chrétien.

Les premiers mouvements baptistes ont sans doute leur site et sur le Jourdain et en Mésopotamie, où il y avait une communauté juive importante d'ailleurs. C'est ce que semble montrer un texte juif ancien intitulé *La vie d'Adam et Ève*. Après la chute originelle, Adam et Ève reçoivent une pénitence à accomplir : Adam doit rester quarante jours dans le Jourdain, et Ève quarante jours dans le Tigre.

Il y a deux autres textes intéressants au sujet du baptême. L'un est un débat entre les pharisiens et ceux qu'ils appellent « les baptisés du matin », et qui doivent correspondre à ceux qu'on appelle dans les textes grecs des « hémérobaptistes », des gens qui reçoivent le baptême chaque jour. Cela pose un problème. Nous avons pris l'habitude de penser, à partir du récit de la rencontre de Jésus avec Jean Baptiste, que le baptême de Jean se donnait une seule fois. Je n'en sais rien ! Il y a un autre texte que Pierre Geoltrain a cité, dans les *Homélies clémentines*[1], qui signale aussi Jean Baptiste comme un hémérobaptiste. Il est bien possible qu'on recevait le baptême aussi souvent que l'on avait besoin de recevoir le pardon des péchés.

Il faut se rappeler le côté révolutionnaire de ce baptême. Jean Baptiste propose ce plongeon pour le pardon des péchés. Pour un juif ordinaire du Ier siècle, fréquentant les synagogues, qu'est-ce qui pardonne les péchés ? Le sang des sacrifices, au Temple. À partir du moment où vous prétendez que c'est ce baptême en eau vive qui pardonne les péchés, vous n'avez plus besoin des sacrifices au Temple. Et vous remarquerez que nous ne voyons ni Jean Baptiste ni Jésus offrir des sacrifices au Temple.

Le passage du baptême de Jean Baptiste au baptême chrétien est intéressant. Il semble que les chrétiens aient adopté le rite du baptême en se fondant sur le fait que Jésus avait été baptisé par Jean Baptiste. Jésus se serait fait baptiser pour pouvoir instituer le baptême. Oui... mais, c'est un peu du Alphonse Allais, qui disait : « Dieu sachant que les Normands aimaient le cidre a créé les pommiers en Normandie. » Les choses sont beaucoup plus complexes.

1. Dans la deuxième homélie.

78

Dans les Actes des Apôtres[2], nous avons un portrait d'Apollos, présenté comme un disciple de Jésus « qui ne connaît que le baptême de Jean ». Un peu plus loin[3] il y a un épisode qu'on intitule – à tort, à mon avis – « Les johannites d'Éphèse ». Ce ne sont pas des disciples de Jean Baptiste. Ce sont des disciples de Jésus. Ils demandent le baptême au nom du Seigneur Jésus, et l'imposition des mains pour recevoir l'Esprit saint. Cela montre qu'à un moment dans le christianisme, on pouvait être chrétien sans forcément être baptisé, ou qu'en tout cas le baptême n'était pas le rite d'initiation, signe probant de l'entrée dans la communauté chrétienne. Dans ce même épisode, on fait donc état tout d'un coup d'un baptême « au nom du Seigneur Jésus ». Pour comprendre la portée de cette expression, il faut rappeler que, dans le baptême de Jean Baptiste, celui qui est baptisé est uni à celui qui baptise par le geste même du baptême[4]. Cela explique que Jésus, dans le Temple, demande aux scribes et aux prêtres : « Le baptême de Jean venait-il de Dieu ? » Dans le baptême de Jean Baptiste, celui qui baptise prétend agir au nom d'une autorité divine, et devient comme le garant du pardon de Dieu. Ce lien du baptisé avec celui qui le baptise est si fort que Paul, dans les années 50, est obligé en quelque sorte de se vanter de n'avoir jamais baptisé personne parce que, chez les chrétiens de Corinthe, semble-t-il, le baptême signifiait qu'on se mettait sous la dépendance de celui qui baptisait[5].

Paul donne alors sa théologie. Le baptême, c'est un baptême dans la mort du Christ ; un plongeon qui noie l'être

---

2. Chapitre 18, 25.
3. Chapitre 19.
4. C'est une différence importante par rapport à Qumrân, où personne ne baptise mais où l'on se baigne.
5. *Cf.* 1 Corinthiens 1, 13-16.

pécheur dans la mort du Christ en vue d'une vie nouvelle qui sera sous l'influence de l'Esprit saint. L'évangile de Marc, qui est marqué par la théologie de Paul, dans l'épisode des fils de Zébédée, rapporte bien cette théologie paulinienne : « Pouvez-vous boire la coupe que je vais boire, être baptisé du baptême dont je vais être baptisé[6] ? » Voilà comment Paul a orienté le sens du baptême. Mais ce n'est pas la seule orientation.

Si on passe à une troisième époque, vers les années 80, on s'aperçoit qu'il y a d'autres sens pour le baptême. D'après saint Luc, dans les Actes des Apôtres, il est visible que le but du baptême, c'est de recevoir l'Esprit saint. C'est net dans la Pentecôte, dans l'histoire de Corneille, où il y a concomitance entre le baptême et la venue de l'Esprit saint. Ce qui est remarquable chez Luc, c'est que dans les Actes il n'emploie jamais le verbe baptiser sur le mode actif, quand il s'agit du baptême chrétien, mais toujours sur le mode passif. Quand on cherche quel serait le complément d'agent de ce passif, on est amené à ceci : le Christ ressuscité. C'est le Christ ressuscité plus que le ministre humain qui baptise l'homme dans l'Esprit saint. C'est pourquoi Pierre Geoltrain a relevé que le Ressuscité a donné l'ordre de baptiser : oui, chez Matthieu, pas chez Luc. Chez Luc, les missionnaires ne reçoivent pas l'ordre de baptiser, c'est eux qui vont être baptisés dans l'Esprit saint. Cela ne veut pas dire qu'il n'y a pas la pratique du baptême, cela veut dire que, chez Luc, le sens du baptême est en train d'évoluer. Pour Luc, en réalité, celui qui baptise, c'est le Christ ressuscité, qui donne son Esprit. Pour Luc, le baptême devient le rite d'entrée dans la communauté chrétienne.

Et dans l'évangile de Matthieu, à peu près contemporain, quel est le sens du baptême ? C'est un rite qui nous unit au

---

6. Marc 10, 38.

Père, au Fils, et à l'Esprit saint. Déjà la Trinité. Un autre point intéressant chez Matthieu : la fonction du baptême de Jean Baptiste, à savoir le pardon des péchés, est attribuée au sang du Christ par le ministère de la Cène[7]. Il y a là une pointe fortement antibaptiste, dans la mesure où il revient à une symbolique très juive : c'est le sang qui pardonne. Mais là, maintenant, c'est le sang du Christ.

Nous avons enfin un écrit qu'on appelle l'épître aux Colossiens qui, pour moi, est contemporaine de Matthieu et Luc, puisqu'elle est en fait post-paulinienne. Dans l'épître aux Colossiens[8], le baptême est assimilé à la circoncision, « la circoncision du cœur ». C'est intéressant de remarquer que, dans la lettre aux Romains[9], Paul avait parlé du baptême dans la mort du Seigneur, et avant[10] il avait parlé de la vraie circoncision spirituelle. Jamais il ne lui est venu à l'idée de joindre les deux thèmes. C'est seulement dans ces années 80, dans l'épître au Colossiens, que tout d'un coup on trouve ces deux thèmes reliés. C'est la circoncision du cœur, le baptême, qui fait entrer dans la communauté du peuple élu. Désormais, le baptême est bien devenu le signe de l'entrée dans la communauté chrétienne.

Revenons au baptême de Jésus par Jean Baptiste. Il a posé problème aux chrétiens, parce qu'il mettait Jésus en état d'infériorité par rapport au Baptiste. Si on regarde les textes des évangiles, Marc, selon son habitude brusque, nous dit clairement que Jésus a été baptisé par Jean, point final ! Dans Matthieu, il y a une discussion ; on fait dire à Jean Baptiste : « C'est moi qui ai besoin d'être baptisé par toi. » La réponse

---

7. *Cf.* Matthieu 26, 28.
8. Chapitre 2.
9. Chapitre 6.
10. Chapitre 2.

de Jésus : « Laisse faire, il faut accomplir toute justice. » Comme si l'évangéliste voulait dire : cela faisait partie de la volonté de Dieu que le christianisme s'ouvre dans les rangs du Baptiste.

Dans Luc, on nous raconte l'arrestation de Jean Baptiste avant même le baptême de Jésus. Vous vérifierez, au chapitre 3 ! Plus loin, il ajoute : « Jésus, baptisé lui aussi, priait », comme s'il s'agissait du véritable baptême de Jésus dans l'Esprit de Dieu.

Enfin, dans l'évangile dit de saint Jean, en regardant bien, on s'aperçoit qu'il n'est même pas question du baptême de Jésus. On devine seulement que c'est la scène du baptême, puisqu'il est dit : « Celui sur qui tu verras reposer l'Esprit de Dieu... c'est lui ! »

Ainsi, les premiers chrétiens ont eu à se situer vis-à-vis de l'héritage reçu de Jean Baptiste. Ils ont dû le faire, en tentant de montrer la supériorité de Jésus mort et ressuscité sur Jean Baptiste. Au fond, ce qu'ils pensaient, c'est ce que l'évangile de Jean fait dire au Baptiste : « Il faut qu'il croisse et que je diminue. » Ils ont fait de Jean Baptiste un précurseur, et ils ont minimisé le baptême de Jésus donné par Jean Baptiste pour insister sur l'appel de Jésus comme Fils de Dieu, comme Serviteur.

Ailleurs, on trouve d'autres procédés qui ont le même but : minimiser l'importance de Jean Baptiste. Ainsi, Luc veut écarter toute ressemblance entre Jean Baptiste et Élie, d'une part, dans la description du vêtement de Jean Baptiste (alors que, dans les autres évangiles, Jean Baptiste porte le même vêtement qu'Élie, ce n'est pas le cas chez Luc), d'autre part en supprimant l'interrogation : « Pourquoi les scribes disent-ils qu'Élie doit venir... ? » Tout ce qui pourrait faire penser à Élie, Luc l'a transposé sur la personne de Jésus. C'est lui le nouvel Élie. Cela montre bien encore qu'il y a un conflit entre le groupe des disciples de Jean Baptiste et celui des disciples de Jésus à l'époque de la rédaction des évangiles.

Ainsi, au début de notre ère, il a fallu choisir entre Jésus et Jean Baptiste. Qui est « le plus grand » ? Qui n'est que le « dernier prophète » ? Parmi les témoins des deux personnages, un groupe a choisi Jésus en percevant en lui quelqu'un de plus grand que celui qui se présentait comme le dernier prophète. Ont-ils eu raison ? Le terme de l'histoire nous le dira, pour ma part je leur fais confiance, je suis chrétien, je ne suis pas sabéen.

DÉBATS

ALAIN HOUZIAUX : *Comment peut-on dire que Jésus qui est le Fils de Dieu peut être en même temps disciple de Jean Baptiste ?*

PIERRE GEOLTRAIN : Jésus Fils de Dieu, c'est une construction théologique qui a été élaborée, comme les autres constructions théologiques dans le Nouveau Testament, par les premiers chrétiens pour dire leur foi en la personne de Jésus. On prend trop souvent l'expression « Fils de Dieu » au pied de la lettre, au sens le plus matériel et biologique qui soit. Dans les évangiles, Jésus aurait été reconnu « Fils de Dieu » aussi bien lors de son baptême ou de la transfiguration (« Tu es mon Fils bien-aimé[1] » ...« Celui-ci est mon Fils bien-aimé. Écoutez-le ![2] »), alors que pour Paul, Jésus est « établi Fils de Dieu avec puissance par [ou après] sa résurrection[3] ». La voie de la généalogie la plus ordinaire est même mise en œuvre pour faire remonter l'ascendance de Jésus jusqu'au Dieu créateur : « ... fils de Seth, fils d'Adam, fils de Dieu[4] ». Toutes ces tenta-

---

1. Marc 1, 11.
2. Marc 9, 17.
3. Romains 1, 4.
4. Luc 3, 38.

tives d'explication poursuivent le même but : affirmer que Jésus est vraiment l'Envoyé divin.

Il est des textes qui décrivent l'envoi de Jésus par Dieu de manière encore plus extraordinaire. Selon l'*Ascension d'Ésaïe*, par exemple, écrit apocryphe chrétien relativement ancien, le Fils est auprès du Père et, sur son ordre, descend à travers les sept cieux, incognito. Pendant ce temps-là, à Bethléem, un homme et une femme sont dans leur maison. Elle est enceinte. Soudain, au moment où le fils descend des cieux, l'enfant est là, à côté d'elle, et elle n'est plus enceinte[5]. Naïveté pour une Nativité, pensez-vous peut-être ? Voire ! Car ainsi est évitée toute description de naissance et toute interprétation incertaine de type généalogique ou gynécologique : seule importe la venue du Seigneur parmi les hommes. Ces représentations plus ou moins figurées, symboliques, expriment toujours la même idée : comment dire que Dieu est venu s'occuper des affaires humaines ?

Pour répondre plus directement à la question posée, il y a deux manières de voir les choses. La première est théologique et part de l'affirmation : *Jésus de Nazareth est le Fils de Dieu.* Suit alors une série de questions : pourquoi se plierait-il aux usages humains, pourquoi devrait-il apprendre quoi que ce soit, puisqu'il est par nature omniscient, pourquoi aurait-il été disciple de qui que ce soit, etc. ? La seconde est historique et part de l'affirmation : *Jésus de Nazareth est un personnage de l'histoire humaine.* En découle une tout autre série de questions : comment et pourquoi ceux qui l'ont connu, suivi, aimé et trahi en sont-ils venus à reconnaître en lui l'Envoyé de Dieu, son Prophète, son Fils, jusqu'à affirmer sa nature divine, etc. ? Dès l'instant où Jésus de Nazareth devait être

---

5. *Ascension d'Ésaïe* 11, 6-14.

85

et a *d'abord* été connu dans sa dimension historique et humaine, il n'y a aucune raison pour qu'il n'ait pas eu une naissance, une famille, une éducation, un baptême par Jean Baptiste, si ce baptême a bien eu lieu (ce que je pense), etc. Sinon, Jésus ne serait qu'une semblance d'homme et toute sa vie ne serait qu'une immense imposture.

CLAUDE TASSIN : Lorsque nous employons l'expression « Fils de Dieu », c'est notre foi qui dit cela. Cette découverte du « Fils de Dieu », c'est une découverte progressive. Le contenu même de cette expression « Fils de Dieu » s'enrichit au fur et à mesure que l'Église reconnaît la stature de son Seigneur, jusqu'à en arriver, par exemple dans l'évangile de Jean, à ce que les juifs accusent Jésus de se faire l'égal de Dieu. Les disciples mentionnés par l'évangile de Jean proclament haut et fort dans les synagogues que Jésus est « Fils de Dieu », c'est-à-dire qu'il est descendu de Dieu et retourné à Dieu. C'est pour cela que ces chrétiens seront bientôt chassés des synagogues pour blasphème.

ALAIN HOUZIAUX : Il faut différencier la conscience que Jésus a eue de lui-même et la confession de foi qu'on a pu faire sur lui. Ce n'est pas la même chose. Jésus n'a certainement pas eu conscience d'être le Fils de Dieu, du moins dans le sens où on l'entend aujourd'hui. Par contre, il a certainement eu conscience d'avoir à accomplir la mission de Serviteur souffrant, c'est-à-dire d'avoir à s'offrir en sacrifice pour le salut des pécheurs. Et il a peut-être découvert qu'il avait à accomplir cette mission justement parce qu'il avait été disciple de Jean Baptiste.

Jean Baptiste prêchait la nécessité de la repentance, de la conversion et d'une vie parfaite pour avoir droit au salut. Jésus a compris qu'en fait, dans ces conditions, nul homme ne pouvait être sauvé. Et que le salut ne pouvait provenir que du sacrifice d'un Serviteur souffrant prêt à mourir à la place des pécheurs pour que le salut leur soit accordé en dépit de leur péché.

Et c'est peut-être parce que Jésus a compris sa mission spécifique de Serviteur souffrant qu'il a renoncé à rester le disciple de Jean Baptiste.

D'autres questions maintenant : Le lien de parenté entre Jésus et Jean Baptiste est-il prouvé ? Peut-on entrevoir une diffé-rence d'attitude entre Jean Baptiste et Jésus vis-à-vis des pouvoirs publics romains, et en particulier vis-à-vis d'Hérode ?

PIERRE GEOLTRAIN : À la lecture du texte de Luc, je pense personnellement que cette histoire de parenté est une construction de type théologique. Comme je l'ai rappelé, nous avons deux entrées dans l'évangile, l'une par Jean Baptiste, l'autre par Jésus, dont les éléments sont semblables, qu'il s'agisse de l'annonce des naissances, des naissances elles-mêmes, de l'accueil qui leur est fait et du destin qui leur est annoncé. Nous avons là une construction. Que signifie cette construction ? La théologie de Luc est claire sur les rapports entre Jean Baptiste et Jésus : Jean Baptiste est celui par lequel on passe de l'ancienne Alliance à la nouvelle Alliance. Pour que le passage se fasse au mieux, il était bon de faire des deux personnages des proches, par l'âge comme par les liens fami-liaux. L'autre souci de Luc, on le voit très bien dans les Actes, c'est d'aplanir tout ce qui a pu être querelles et divisions dans l'histoire des communautés religieuses qui ont précédé l'époque où il écrit. Là, Luc excelle. Il est le seul à faire des deux hommes des membres d'une même famille. C'est une façon peut-être théologique de bien rappeler que le christia-nisme est solidement ancré dans le judaïsme, par Jean

Baptiste notamment, mais c'est en même temps une façon de marquer très nettement que leurs rapports étaient excellents : leurs mères étaient cousines, et il n'y a rien eu entre eux, pas de querelle ni de dispute, seulement des jugements élogieux et réciproques. Toute querelle entre eux ne serait donc qu'invention postérieure.

Sur la deuxième question, je précise un détail que j'ai omis concernant Jean Baptiste. Certains textes du Nouveau Testament laissent entendre qu'Hérode est sensible à la parole de Jean. Après tout, si Jean Baptiste est décapité pour les raisons que dit l'évangile selon Marc – avoir fait des reproches à Hérode – il n'est sûrement pas allé faire des reproches à Hérode sans avoir été admis chez lui. Or nous avons une autre indication, donnée par Flavius Josèphe : il semble que certains esséniens aient été bien vus au palais d'Hérode, parce qu'Hérode leur attribuait des dons particuliers de vision et d'interprétation des visions. On les considérait un peu comme des prophètes. Cela recoupe une chose que nous connaissons : à Qumrân les esséniens s'étaient intéressés à l'astrologie, qui n'était qu'une part de l'astronomie, avec les moyens de la science de l'époque. On y établissait des horoscopes ; nous possédons, entre autres, un horoscope du Messie parmi les textes retrouvés à Qumrân. On savait – ou pensait savoir – que lorsque telle personne naissait dans tel quartier de tel signe, elle posséderait dès sa naissance tant de parts de lumière et tant de parts de ténèbres. Cela pour expliquer la possibilité que Jean Baptiste, s'il était aussi proche des esséniens que certains le disent, ait été bien vu d'Hérode. Il n'est pas dit que Jean Baptiste ait été un adversaire d'Hérode ; ni qu'Hérode ait voulu absolument la mort de Jean Baptiste. En somme Hérode est pris au piège, d'après le récit évangélique. Il avait dit : « Je te donnerai ce que tu voudras », et voilà qu'on lui demande la tête de Jean Baptiste ! Sinon, il l'aurait laissé en prison à Machéronte.

Pour ce qui est des rapports entre Hérode et Jésus, nous en sommes réduits aussi aux données évangéliques. L'évangile selon Luc est le seul à donner quelques précisions : une des femmes qui accompagnent Jésus aurait été la femme de l'intendant d'Hérode ; par deux fois le désir d'Hérode de rencontrer Jésus est souligné ; des pharisiens auraient conseillé à Jésus de fuir pour éviter qu'Hérode ne le fasse mourir, conseil auquel Jésus aurait répondu par la fameuse formule : « Allez dire à ce renard... » ; enfin, ce même évangile est le seul à faire comparaître Jésus devant Hérode lors de son procès. Je suis dans la totale incapacité de vous dire si le troisième évangile a pu posséder quelque renseignement fiable ou s'il n'a pas construit cette relation avec le pouvoir hérodien pour prouver que Jésus n'était pas un personnage inconnu des autorités ou ayant moins retenu leur attention que ne l'avait fait Jean Baptiste.

CLAUDE TASSIN : On peut en effet se demander comment il se fait que la prédication de Jean Baptiste et celle de Jésus aient pu être entendues jusque par Hérode. Pourquoi Jean Baptiste, puis Jésus, ont-ils rencontré le succès ? La réponse, c'est : parce qu'ils ont réveillé la veine prophétique. Le prophétisme s'était éteint depuis la fin de l'époque perse. Toute la vie religieuse publique des synagogues était dominée par la loi, par l'observance minutieuse et quotidienne de la loi. Pour un certain nombre de gens, surtout en milieu populaire, l'appel simple à une conversion morale a été comme une délivrance. Ce qui veut dire que dans les mouvements baptistes, et chez Jésus, nous sommes dans des mouvements de réveil prophétique, qui, traditionnellement, n'ont pas peur de dire aux autorités ce qu'ils pensent.

Alain Houziaux : *Peut-on dire un petit mot sur la relation entre Jean Baptiste et Qumrân ?*

Pierre Geoltrain : Je me pose comme vous la question des rapports de Jean Baptiste avec la secte de Qumrân ; sur ce sujet, j'aurais encore plus de doute que Claude Tassin. Je ne sais pas non plus si le baptême de Jean Baptiste était un baptême renouvelable comme les bains de purification quotidiens des esséniens. Je penche plutôt pour un baptême unique, étant donné le type de prédication apocalyptique de rupture de Jean Baptiste. Si le baptême est, comme on le dit à propos du message de Jean Baptiste, lié à la conversion, et si c'est un baptême unique, cela veut dire qu'il y a tout de même une différence considérable entre le baptême de Jean Baptiste et les pratiques des esséniens, qui sont, je le rappelle, des pratiques traditionnelles du judaïsme, mais observées avec la plus grande rigueur comme se devaient de le faire des membres du sacerdoce. Ce souci de pureté poussé à l'extrême n'apparaît pas dans ce baptême que propose Jean Baptiste, pour lequel il semble moins s'agir de pureté rituelle que d'une grande purification intérieure liée à une décision de changement de vie.

Alain Houziaux : En conclusion, je voudrais proposer quelques idées sur l'articulation entre le judaïsme et le christianisme. Le fait que Jésus ait été un disciple de Jean Baptiste, prophète juif, met clairement en lumière un point important. Jésus est bien plus un prophète du judaïsme que le fondateur du christianisme. C'est la foi juive que Jésus a prêchée. Il n'a pas prêché le christianisme. Le christianisme a prêché Jésus Christ. Mais Jésus, lui, n'a pas prêché le christianisme et il n'a pas prêché Jésus Christ. Il a prêché la venue imminente du Royaume de Dieu, comme son maître Jean Baptiste.

Le christianisme a été inventé par Paul et par Jean, et non pas par Jésus. Mais la coupure entre la pensée théologique de Paul et de Jean et celle du judaïsme est beaucoup moins nette qu'on ne le pense. En fait, le christianisme n'a fait que reprendre les articles de foi du judaïsme, mais en les cristallisant sur la figure du Christ (beaucoup plus que sur l'homme Jésus lui-même d'ailleurs). C'est sur « le Christ » que se trouve concentrée toute la substance du judaïsme. Mais Jésus aurait-il contresigné cette réorganisation de la pensée juive ? Ce n'est pas du tout certain.

En fait, la rupture entre le christianisme et le judaïsme ne s'est pas tellement réalisée sur des points de doctrine théologique. Elle ne s'est peut-être même pas opérée sur le fait que les chrétiens ont considéré que Jésus était le Messie attendu. Elle s'est faite sur des points que certains pouvaient considérer comme secondaires : l'abandon, par les chrétiens, de la circoncision et des règles relatives à la nourriture. Elle s'est faite aussi pour des raisons politiques. Après la destruction du Temple par les Romains, les chrétiens ont refusé de se joindre à la révolte des juifs contre Rome.

Comment peut-on penser aujourd'hui l'articulation entre le judaïsme et le christianisme ? À mon sens, le judaïsme et le christianisme doivent être reconnus comme deux manières non pas concurrentes, mais complémentaires d'aborder le mystère de Dieu.

– Le judaïsme insiste sur la transcendance et l'altérité de Dieu. Le christianisme, lui, insiste sur la proximité et la présence de Dieu.

– Le judaïsme prêche l'obéissance à une loi : suivre des rites et des règles permet de servir Dieu, à l'aveugle, sans le connaître. Le christianisme, lui, prêche la foi en une personne.

– Le judaïsme a pour vocation d'être professé par un peuple spécifique, le peuple élu. Ce petit peuple doit rester volontairement à part pour maintenir dans sa pureté et dans son intégrité la trace de Dieu dans l'humanité. Le christianisme, lui, a pour vocation d'incarner dans l'ensemble de l'humanité des promesses faites à Israël.

— Le christianisme, c'est le judaïsme pour les non-juifs.

III

JÉSUS ET QUMRÂN

5

QUMRÂN ET JÉSUS :
QUELLE COMPARAISON ?

Claude Tassin

La communauté juive qui s'est établie à Qumrân, sur les bords de la mer Morte, nous a laissé une bibliothèque inestimable. Avant tout, une quantité de manuscrits bibliques qui nous font faire un bond de mille ans en arrière par rapport aux manuscrits de l'Ancien Testament dont nous disposions[1]. La recherche s'est toujours intéressée, depuis 1950, aux rapports possibles entre Qumrân et le christianisme naissant. Depuis quatre ans, une masse de livres a paru sur la question, plus qu'il n'y a de lecteurs potentiels. Une nuit sur Internet ne suffit pas à dépouiller, sous le mot *Qumrân*, une documentation qui va d'une excellente vulgarisation jusqu'au site d'une secte qui calcule la fin du monde à partir des textes qumrâniens.

---

1. Tous les livres de la Bible hébraïque sont représentés à Qumrân, à l'exception du livre d'Esther, dont les rabbins disent « qu'il ne souille pas les mains ». Entendons par là qu'il est moins sacré parce qu'il ne contient pas le nom de Dieu. Mais il existe à Qumrân des manuscrits araméens lacunaires apparentés à ce récit. On les range sous le titre de *Proto-Esther* (4Q550 a-f).

J'essaierai de situer brièvement Qumrân dans l'histoire, puis je résumerai les caractéristiques de cette communauté, en jetant quelques ponts vers le Nouveau Testament. Enfin, je dirai à quelles conditions, à mon sens, on peut exploiter les textes de Qumrân pour éclairer la figure de Jésus et des premières Églises.

QUMRÂN DANS L'HISTOIRE

Que peut-on dire sur les origines de Qumrân et de son fondateur[2] ? Au milieu de nombreuses incertitudes, je m'en tiendrai à l'hypothèse la plus classique.

Les origines

Au IIe siècle avant notre ère, les Hassidim, un groupe pieux animé par des scribes, ont soutenu la lutte des Maccabées. Mais, vers 152, Jonathan Maccabée s'empare du poste de grand prêtre. C'est alors la rupture. Les Hassidim se scindent en deux mouvements : les uns deviendront le groupe pharisien, les autres deviennent les esséniens (l'appellation correspondrait au mot *Hassidim*). Parmi ces esséniens, les uns resteront « dans le monde », les autres se retirent, sous la conduite du Maître de Justice (*Môreh sèdèq*), peut-être d'abord dans la région de Damas, puis à Qumrân. Si l'on en

---

2. Pour une bonne vulgarisation de ces questions, voir *Les manuscrits de la mer Morte*, Les *Dossiers d'archéologie*, n° 189 (1994) ; « Qumrân », *Le monde de la Bible*, n° 86 (1994) ; « Qumrân, quelles réponses ? », *Le monde de la Bible*, n° 107 (1997) ; B. GILLIERON, *De Qumrân à l'Évangile*, Poliez-le-Grand, éd. du Moulin, p. 1-57 (le reste du livre est plus aventureux dans ses hypothèses). Pour une approche simple et raisonnée des textes les plus importants : J. POUILLY, *Qumrân*, Supplément au *Cahier Évangile*, n° 61, Paris, Cerf, 1987.

croit la *Règle* (1QS VIII, 1), le groupe initial comprend trois prêtres et douze laïcs. À son apogée, la communauté comptera entre cent à deux cents membres. On s'accorde à penser qu'elle a été exterminée par les Romains en 68 de notre ère, après la prise de Jéricho. Avant l'extermination, certains ont sans doute rejoint la forteresse de Massada.

Le Maître de Justice

Le fondateur est un prêtre, sans doute le grand prêtre que Jonathan Maccabée a déposé pour s'emparer du pontificat, en 152. Nous ignorons son nom. La question se complique parce que le titre a dû passer aux successeurs du fondateur, comme celui d'abbé dans un monastère. Néanmoins, les textes dessinent la personnalité du fondateur. Il a souffert la persécution du grand prêtre, comme l'indique le Commentaire, ou *Pesher* d'Habaquq, un des premiers rouleaux trouvés à Qumrân :

> *Malheur à qui fait boire son prochain, à qui déverse sa fureur jusqu'à l'enivrer, afin de contempler leurs fêtes* (Habaquq 2, 15). L'explication de ceci concerne le Prêtre impie qui a persécuté le Maître de Justice, pour l'engloutir dans l'irritation de sa fureur, dans le lieu de son exil. Et, au moment de la fête du jour des Expiations[3], il leur est apparu pour les engloutir et pour les faire trébucher au jour du jeûne de leur shabbat chômé (1QpHa XI, 2-8).

---

3. Le jour des Expiations (*Yom Kippur*) exige les règles du repos du shabbat. La secte de Qumrân ayant un calendrier différent de celui du Temple, ce jour était un jour ouvrable pour le grand prêtre, qui pouvait ainsi venir narguer le Maître et les siens, ceux-ci ne pouvant pas se défendre, puisque c'était pour eux un jour de shabbat.

Ces épreuves, le Maître les évoque par des expressions de ce genre :

> Et moi, je fus comme un marin sur un bateau : dans la furie des mers étaient leurs vagues, et tous leurs flots grondèrent contre moi ; il soufflait un vent de vertige et nulle brise pour restaurer l'âme, et nul sentier pour diriger la route sur la face des eaux. Et l'Abîme retentit de mon gémissement, et mon âme descendit jusqu'aux portes de la Mort (*Hymnes* VI, 22-24).

Les métaphores maritimes sont rares dans le judaïsme ancien. Plus attendue est la comparaison des épreuves à celles des prophètes. Comme Moïse, le Maître a « les lèvres incirconcises » (*Hymnes* II, 7 ; *cf.* Exode 6,12). Comme Jérémie, il est contesté, homme de querelle (II, 14 ; *cf.* Jérémie 15, 10). Conseil de sainteté pour les épuisés, ayant une langue de disciple ou annonçant la joie à l'affligé (VII, 10 ; II, 5), il se donne une mission proche de celle du Serviteur dans le livre d'Ésaïe.

Mais jamais le Maître ne pense que ses souffrances ont une valeur de salut ou d'intercession pour ceux qui lui sont confiés. On ne rejoint jamais la figure du Serviteur donnant sa vie pour la multitude (*cf.* Marc 10, 45). Ses épreuves sont des tests que Dieu lui envoie pour sonder sa fidélité. Surtout, il souligne que, grâce à Dieu, il triomphe toujours de ses adversaires.

Il reste que le Maître se sait investi d'une responsabilité vis-à-vis de ceux qu'il dirige :

> Tu m'as établi père pour les fils de la grâce et comme un nourricier pour les hommes de présage. Et ils ont ouvert la bouche comme celui qui tète et comme le bébé qui se délecte dans le giron de ses nourriciers (VII, 20b-22a).

Mais jamais on ne trouve l'idée paulinienne que cette paternité et cette maternité se traduisent avant tout par un dévouement désintéressé[4]. L'établissement de Qumrân est un Éden au milieu de la sécheresse d'un monde impie. Les adeptes du Maître sont des privilégiés, et ils le lui doivent ; il en est le jardinier, grâce aux révélations qu'il reçoit de Dieu :

> Je te rends grâce, ô Adonaï, car tu m'as placé comme une source de fleuves dans un lieu desséché et un jaillissement dans une terre aride et un irrigateur de jardin... Des arbres de vie (= la secte), dans un domaine mystérieux, sont cachés au milieu de tous les arbres d'eau (les impies, *cf.* Ézéchiel 31, 14)... Et toi, ô mon Dieu, tu as mis dans ma bouche comme une pluie automnale pour tous les fils d'homme, et un jaillissement d'eaux vives qui ne tarira pas (1 QH VIII, 4.6.16).

UN PROFIL SPIRITUEL DE LA COMMUNAUTÉ

La Loi

Le projet initial et explicite de la secte est celui-ci (1QS VIII, 13-16) :

> ... ils se sépareront du milieu de l'habitat des hommes d'iniquité, pour aller au désert afin d'y préparer Sa Voie, selon ce qui est écrit : Dans le désert, préparez la Voie de (YHWH), rendez droite dans la steppe une chaussée pour notre Dieu (Ésaïe 40, 3). Cela, c'est l'étude de la Loi qu'il a prescrite par la main de Moïse, pour qu'on agisse selon tout ce qui a été révélé, temps par temps, et selon ce que les prophètes ont révélé par son Esprit de sainteté.

---

4. *Cf.* 1 Thessaloniciens 2, 7-9 ; 2 Corinthiens 11, 7-11 ; 12, 13-15.

On entre dans la communauté pour observer la Loi mosaïque dans toute sa rigueur. Les candidats suivent deux années de probation. Au bout de la première, ils participent aux bains de purification de la communauté. Au bout de la seconde, ils sont admis aux repas et au conseil de la communauté, et leurs biens, gelés au bout de la première année, entrent alors dans la caisse commune[5]. Chaque année, à la fête des Semaines (Pentecôte), nouveaux membres et membres confirmés prononcent ou renouvellent leur engagement à la conversion dans une liturgie d'entrée dans l'Alliance.

La *Règle* veille avec rigueur sur la vie en commun. Par exemple : « S'il se trouve [...] un homme qui mente en matière de biens et qu'il le fasse sciemment, qu'on l'exclue un an de la Purification des Rabbim et qu'il soit privé d'un quart de sa nourriture » (1QS VI, 24-25). De même, celui « qui garde rancune à son prochain » est puni six mois. Mais la *Règle* sait aussi le risque du légalisme, de l'absence d'un engagement intérieur :

> [Nul] ne sera justifié [par Dieu] tant qu'il donnera libre cours à l'obstination de son cœur et qu'il considérera les ténèbres comme des chemins de lumière. À la source des parfaits, il ne sera pas compté. Il ne sera pas absous par les expiations, ni purifié par les eaux de lustration, ni sanctifié par les mers ou les fleuves, ni purifié par toutes les eaux d'ablution. Impur, impur il demeurera tout le temps qu'il méprisera les jugements de Dieu, sans se corriger dans la communauté de son Conseil (1QS III, 3-6).

Nous nous sentons loin des relations de Jésus qui accueille les publicains et les pécheurs, qui refuse une forme de vie

---

5. Parmi bien des hypothèses, la liste des trésors du fameux *Rouleau de cuivre* (3Q15) pourrait être un relevé des biens de la communauté, accumulés au long des années.

ritualisée. Mais la légende d'Ananie et Saphire (Actes 5, 1-11) montre que certains cercles chrétiens ont été peut-être séduits par l'idéal rigoureux des esséniens.

Le culte en esprit

La communauté de Qumrân s'est séparée du Temple de Jérusalem parce qu'elle estime que le sacerdoce en place est illégitime, que le calendrier liturgique lunaire est erroné et que l'interprétation pharisienne de la Loi à Jérusalem est faussée (*cf. Lettre halakhique*). Mais Qumrân n'oppose pas un culte rival à celui de Jérusalem. La communauté se contente :

– de cultiver les rites qui peuvent s'accomplir hors du sanctuaire – les bains et les repas religieux ;

– de valoriser la prière régulière de louange comme « le fruit des lèvres » (Osée 14, 3), selon le seul calendrier liturgique solaire estimé valide ;

– de faire de la fidélité quotidienne à la Loi le culte par excellence, en insistant sur la pureté rituelle.

Cette spiritualisation est une tendance de tous les groupes qui, pour diverses raisons, se trouvent écartés du support matériel des rites. Elle vaut pour les juifs de la diaspora ou pour les premiers chrétiens.

La communauté se considère avant tout comme un Temple spirituel, lieu de la présence de Dieu. Elle est « pour Israël [les laïcs de la secte] une Maison sainte et pour Aaron [les prêtres de la secte] une compagnie très sainte » (1QS VIII, 5-6). Ainsi sont reconstitués spirituellement le Saint et le Saint des Saints. Quand saint Paul présente l'Église de Corinthe comme le Temple de Dieu et de l'Esprit (*cf.* 1 Corinthiens 3, 16-17), il peut songer à l'idéal essénien. Mais, dans ce cas, notons qu'il exclut toute hiérarchie entre des prêtres et des laïcs. Paul peut aussi être parvenu à la métaphore du Temple, sans influence de Qumrân, en réfléchissant par lui-même sur la situation des pagano-chrétiens.

Une spiritualité des pauvres

Dans un commentaire sur le Psaume 37, la communauté se désigne plusieurs fois comme la « Congrégation des pauvres ». Le Maître de Justice se sait investi d'un ministère à l'égard de cette congrégation des pauvres :

> Et tu as ouvert [une] fontai[ne]... pour [consa]crer selon ta vérité le messager (de la bonne nouvelle) [et pour racon]ter ta bonté, pour porter la bonne nouvelle aux pauvres selon l'abondance de tes miséricordes [et pour ra]ssasier depuis la fontaine de sa[ges]se, [et pour consoler les con]trits d'esprit et les affligés, en vue de la joie éternelle (1QH XVIII, 12... 16).

Il faudrait ajouter le texte (11QMelk) qui applique au grand prêtre Melkisédeq les mêmes allusions bibliques, cette mission de salut des pauvres à la fin des temps. Il existe même à Qumrân l'un ou l'autre texte que l'on peut rapprocher des Béatitudes évangéliques.

Bien entendu, avec l'apport des biens de membres à la communauté, on ne peut pas dire que la secte de Qumrân est matériellement pauvre. Mais un sens de la pauvreté spirituelle s'est développé vers la fin de l'Ancien Testament. Elle est déjà présente dans certains passages de la Bible grecque des Septante (*cf.* LXX Ésaïe 25, 1-5). Cette spiritualité dit que tout homme est pauvre devant Dieu. Comme un pauvre, le croyant attend tout de Dieu et il compte sur Dieu pour lui rendre justice dans les conflits avec les frères. Cette idée se retrouve dans les Béatitudes de Matthieu. Dans cette veine, Jésus s'est considéré comme envoyé aux pauvres, mais avant tout aux pauvres de la société : les miséreux, les exclus de la société et de la religion, les estropiés, les malades. Tel n'est pas le souci de Qumrân qui, pour l'ère messianique, exclut de la congrégation « toute personne atteinte en sa chair, paralysée des pieds ou des mains, boiteuse ou aveugle, ou sourde ou muette ou infirme » (1QSa II, 5-6).

Un arrière-fond apocalyptique

Les conceptions de Qumrân sont nourries des apocalypses juives. On attend le jugement de Dieu qui punira les impies et sauvera les justes. Et, pour que ce jugement soit universel et juste, il faut qu'il y ait une résurrection qui rendra justice aux défunts qui ont vécu dans la fidélité à Dieu. En attendant, une lutte sans merci oppose les forces du bien et du mal. Le monde est donc divisé en deux camps. C'est-à-dire, dans l'optique de Qumrân, les membres de la secte et tous les autres, le camp de la lumière, le lot de Dieu (ou de Michel, de Melkisédeq), et le lot des Fils des Ténèbres, ou lot de Bélial. Telle est la perspective du *Règlement de la guerre* (1QM).

Pourtant, à partir du déterminisme et du dualisme inhérents à l'apocalyptique, la secte a affiné son jugement. Certes, le Créateur sait à quel lot appartient chacun. Mais, en même temps, l'homme est responsable de sa conduite. Car c'est dans le cœur de chaque homme que se combattent l'esprit de vérité et l'esprit des ténèbres, et non pas en dehors de l'homme. On sait que la rédaction de l'évangile de Jean fut longue et complexe. L'un des rédacteurs a peut-être emprunté aux esséniens l'opposition entre la lumière et les ténèbres et l'idée que chacun doit faire la lumière en son cœur par rapport à l'Évangile qui lui est proposé :

103

Quiconque fait le mal déteste la lumière et ne vient pas à la lumière de peur que ses œuvres ne soient dévoilées... Qui croit au Fils a la vie éternelle ; qui refuse de croire au Fils ne verra pas la vie ; la colère de Dieu pèse sur lui (Jean 3, 20.36).

QUMRÂN ET JÉSUS : QUELLE COMPARAISON ?

Comment poser le problème ?

On dit volontiers que l'Église est une secte juive qui a réussi, et dès lors on cherche quelle secte mère a engendré Jésus et ses adhérents. Pourquoi pas la secte de Qumrân ? Sur ce point, voici trois éléments de réponse :

• J'ai essayé de faire sentir que les différences entre l'essénisme de Qumrân et le mouvement de Jésus l'emportent sur les ressemblances. Mais, disent certains, la secte de Qumrân est elle-même une secte chrétienne, différente du christianisme édulcoré que présentent les évangiles. Penser ainsi, c'est s'appuyer sur des indices littéraires et historiques trop maigres. De plus, les évangiles représentent déjà des portraits de Jésus suffisamment différents et nuancés pour qu'il ne soit pas nécessaire d'aller chercher ailleurs, à grand-peine, un autre portrait. Enfin, il faut accepter les résultats de la paléographie selon lesquels la plupart des écrits de Qumrân sont bien antérieurs à l'ère chrétienne.

• Si l'on parle en termes de « sectes », rendons-nous compte que l'ensemble du judaïsme du Ier siècle est composé de sectes car, au Ier siècle, le mot secte signifie mouvement, école, cercle, et non pas ce que nous mettons aujourd'hui sous ce mot. Dans ce contexte, la secte de Jésus me semble plus proche de la secte pharisienne ou des baptistes que de Qumrân. En outre, le christianisme, par son nom même, situe le Christ, Jésus de Nazareth, au centre de son culte. La communauté de

Qumrân ne rend aucun culte à son fondateur, ce Maître de Justice dont l'histoire ne nous révèle même pas le nom.

• C'est à partir des années 80 que l'on trouve le plus sûrement dans le Nouveau Testament des emprunts aux thèmes esséniens (Éphésiens, évangile de Jean, Hébreux, interpolation de 2 Corinthiens 6, 14 – 7, 1). C'est-à-dire quand les esséniens ont pratiquement disparu et que certains d'entre eux ont sans doute rejoint le christianisme.

Élargissons la perspective. Chaque mouvement juif du Ier siècle s'efforce de synthétiser de manière originale et décisive l'héritage de la Bible et des traditions juives. Il faut s'attendre à ce que chaque secte se situe vis-à-vis de la Loi et de son interprétation, de la croyance en la résurrection, des rites de pureté, du culte, et de diverses pratiques religieuses. C'est dans ce cadre pluraliste qu'il faut situer la communauté de Qumrân, comme l'une de ses composantes.

L'intérêt de Qumrân

L'intérêt principal de Qumrân pour comprendre Jésus en son milieu est ceci. Les sectaires de la mer Morte nous livrent un faisceau de traditions juives, des traditions dont nous n'osions pas penser qu'elles étaient anciennes, jusqu'à la découverte de cette bibliothèque inestimable. Je retiendrai quatre exemples de nature différente :

• Jésus apparaît dans les évangiles comme un exorciste. Nous savions que les pharisiens avaient aussi leurs exorcistes. Grâce aux textes de Qumrân, nous savons l'intérêt du judaïsme pour ces pratiques dès le IIe siècle avant notre ère[6].

----

6. À Qumrân, dans la *Genèse apocryphe* (1Q20), Abraham impose les mains pour exorciser ; de même « l'exorciste » juif (Daniel ?) dans la *Prière de Nabonide* (4Q242).

Qumrân nous permet de comprendre combien, sur ce point, Jésus s'inscrit dans son milieu.

• Nous savions que les pharisiens mettaient l'accent sur la pureté rituelle et sur les ablutions. Qumrân apparaît comme un mouvement qui avait radicalisé ces rites de pureté, et l'archéologie a récemment montré l'importance des bassins destinés à ces rites, notamment à Jérusalem. Par là, l'originalité de Jésus s'affirme davantage, lui qui fréquente sans discrimination les gens en situation d'impureté.

• Nous savions qu'une spiritualité des pauvres s'était développée dans les derniers siècles de l'Ancien Testament. Grâce à Qumrân, nous savons maintenant que les textes de l'Ancien Testament invoqués par le Nouveau Testament en la matière ont eu toute une histoire interprétative, et que, sur cet arrière-fond, Jésus conteste une spiritualisation trop facile pour en revenir au souci des exclus de la société.

• Par les targums de la synagogue, nous savions que des traditions d'interprétation de la Bible avaient leur écho dans le Nouveau Testament. Avec Qumrân, nous savons maintenant l'antiquité de ces traditions. Les exemples abondent.

En résumé, il serait vain de se demander en quoi Jésus dépendrait de Qumrân. On irait contre les données archéologiques en s'imaginant que la secte de la mer Morte est un christianisme. En revanche, Qumrân est le témoin privilégié des synthèses religieuses qu'opéraient les différents cercles juifs depuis le IIe siècle avant notre ère. En cela, Jésus nous apparaît plus clairement à la fois dans son enracinement juif et dans les choix personnels qu'il a opérés dans ces racines.

Au reste, je ne fais qu'un bilan provisoire, là où nous en sommes. C'est maintenant que commence vraiment la réflexion. Le tort des premiers éditeurs des textes de Qumrân a été parfois de vouloir résoudre toutes les énigmes à partir des quelques manuscrits qui leur étaient confiés. On leur demandait simplement de nous livrer le texte et leurs propositions de lecture pour les lacunes. Dans deux ans, l'édition des textes sera pratiquement finie. Les derniers éditeurs, de quelque confession religieuse qu'ils soient, sont devenus plus modestes. Nous avons fini notre travail, disent-ils : c'est maintenant aux exégètes d'en livrer l'interprétation. Vaste programme.

ALAIN HOUZIAUX : Tous ceux qui se sont intéressés à Qumrân savent qu'on a dit que le Maître de Justice, dont vous avez parlé, était une forme de préfiguration de Jésus Christ, ou plus exactement qu'il avait conçu son ministère un peu de la même manière que Jésus Christ avait conçu sa fonction et sa mission. Certains ont prétendu que le Maître de Justice, tel le Serviteur souffrant d'Ésaïe, avait pour mission d'expier par sa souffrance les fautes des autres. Le problème est d'une très grande gravité parce que cela voudrait dire que le christianisme cesserait d'être une pensée originelle, révélée d'en haut, en Jésus de Nazareth.

Sur cette question, les historiens de Qumrân ont des opinions différentes. Pouvez-vous, Claude Tassin, faire état d'opinions différentes de la vôtre, ainsi que de la vôtre ?

CLAUDE TASSIN : On peut rassembler un certain nombre d'indices qui dessinent un portrait du Maître de Justice qui insisterait sur ses épreuves, sur le côté « Serviteur souffrant ». L'autre problème très concret que je n'ai pas évoqué, c'est que, lorsqu'on veut reconstruire ce portrait, on se base sur les commentaires qumrâniens des prophètes bibliques qu'on appelle *pesharim*. Ce sont des commentaires qui présentent la secte, le Maître de Justice, comme une actualisation des figures bibliques et qui les désignent par des périphrases bibliques. Le problème, c'est que l'on ne sait pas toujours précisément qui est désigné par ces périphrases bibliques. On peut donc reconstruire n'importe quel portrait à partir de la manière dont on veut assembler les éléments entre eux. C'est pourquoi j'ai du mal à utiliser les *pesharim*, parce que je trouve que c'est pour l'instant imprudent. Je m'en tiens à la personnalité du Maître de Justice, telle qu'elle est présentée par les *Hymnes*. Il faut faire très attention à cette idée d'expiation qui a été mise en avant. On plaque sur la figure du Maître de Justice un thème qui en fait appartient à toute la communauté. C'est la communauté, dit la *Règle,* qui est là pour expier les fautes du peuple, et obtenir son pardon.

Ce que l'on ne trouve jamais dans les textes qumrâniens, c'est que ses souffrances sont envoyées au Maître de Justice pour qu'il intercède pour les autres. Elles sont présentées comme une épreuve de vérité. Par là, Dieu teste sa fidélité à sa vocation.

Par ailleurs, c'est vrai que le Maître de Justice est une figure originale qui synthétise sur lui différentes figures possibles qu'on trouve dans la Bible : il est interprète juste de la loi – de ce côté il a quelque chose du scribe ; il est aussi maître de sagesse, comme le Siracide, avec lequel on l'a assez souvent comparé dans les études récentes ; il est encore le médiateur qu'on trouve dans les apocalypses, « c'est lui qui révèle les secrets merveilleux de Dieu ». On ne peut guère aller plus loin. Devant une figure charismatique importante, on se trouve toujours devant des questions. Il est très difficile de savoir par quel modèle biblique désigner le Maître de Justice, et on retrouve le même problème avec Jésus. On ne sait pas par quelle étiquette le désigner[7]. Il y a un peu de ça

---

7. *Cf.* le beau livre de Charles PERROT, *Jésus et l'histoire,* Paris, Desclée, 1979.

sur le Maître de Justice. Mais il y a une différence fondamentale entre Qumrân et le christianisme, entre le Maître de Justice et Jésus. Le Maître de Justice n'est pas le centre de la secte. On ne connaît même pas son nom. Il n'y a aucun culte du personnage. Et bien sûr, c'est différent pour le christianisme naissant.

ALAIN HOUZIAUX : Vous avez cité les *Hymnes* qui sont attribués à ce fameux Maître de Justice. Certains passages de ces *Hymnes* sont très proches de certains passages du livre d'Ésaïe, appelés « les chants du Serviteur ». Le point est important parce que le Serviteur de l'Éternel présenté par Ésaïe est quelqu'un qui s'offre lui-même en rançon pour le péché des hommes, et qui expie leur péché. Est-ce que le fait que les *Hymnes* du Maître de Justice citent les chants du Serviteur souffrant signifie que le Maître de Justice se considère comme le Serviteur souffrant qui expie par sa souffrance les péchés du peuple ? Vous avez dit que non. Et de fait, les *Hymnes* ne font jamais référence aux passages de ces chants qui traitent de la vocation expiatoire du Serviteur.

Citons quelques passages de ces *Hymnes* qui font référence aux chants du Serviteur souffrant du livre d'Ésaïe. Le Maître de Justice dit, en parlant à Dieu :

> Et tu m'as instruit de ton alliance, et ma langue a été comme celle de tes disciples. Car à moi fut donnée la langue des disciples, afin de ranimer l'esprit de ceux qui trébuchent et d'encourager par la parole celui qui est épuisé[8].

---

8. *Hymnes* VIII, 36.

C'est manifestement une référence au texte d'Ésaïe :

> L'Éternel m'a donné la langue des disciples pour encourager par la parole celui qui est épuisé. Il éveille chaque matin mon oreille pour que j'écoute comme les disciples[9].

Un autre parallèle. Les *Hymnes* :

> Il est selon sa vérité celui qui annonce la bonne nouvelle dans le temps de sa bonté, évangélisant les humbles selon l'abondance de sa miséricorde, et les abreuvant à la source de sainteté et consolant ceux qui sont contrits d'esprit et qui sont affligés[10].

Ésaïe :

> L'Esprit du Seigneur Éternel est sur moi parce que le Seigneur m'a oint. C'est pour annoncer la bonne nouvelle aux humbles qu'il m'a envoyé, pour panser ceux qui ont le cœur contrit, pour annoncer l'année de bienveillance de l'Éternel, et le jour de vengeance de notre Dieu, pour consoler tous les affligés[11].

Ainsi, manifestement, le Maître de Justice se comprend comme une actualisation du Serviteur souffrant de l'Éternel décrit par le livre d'Ésaïe. Mais sans référence au ministère d'expiation de celui-ci.

---

9. Ésaïe 50, 4.
10. *Hymnes* XVIII, 14-15.
11. Ésaïe 61, 1-2.

6

L'ESSÉNISME, UN COURANT DE PENSÉE QUI EST RESTÉ SANS SUITE

Jean-Daniel DUBOIS

Je m'intéresse à l'histoire du christianisme ancien, ce qui correspond à une période historiquement un peu postérieure à celle de l'histoire de la secte de Qumrân. Mon intérêt pour l'histoire du christianisme ancien est spécialement orienté sur l'histoire des premières hérésies chrétiennes, ces mouvements que l'Église officielle a chassés de son sein. D'où quelques questions, pour moi encore sans réponses.

Comment se fait-il que Qumrân et les esséniens soient absents des textes rendant compte de la diversité du christianisme ancien, y compris des textes et des mouvements dits judéo-chrétiens ? Apparemment, la secte essénienne, persécutée par les Romains, a disparu aux alentours de la guerre juive qui a abouti à la chute du Temple de Jérusalem en 70 de notre ère. Un groupe d'esséniens s'est réfugié à Massada, la fameuse forteresse près de la mer Morte. Après la chute de cette forteresse, les esséniens semblent disparaître.

Comment se fait-il que ce mouvement essénien disparaisse en quelques années ? J'aperçois pourtant une trace d'une utilisation d'un grand texte apocalyptique connu à Qumrân, le

111

fameux *Livre des géants,* dans la religion manichéenne des IIIe et IVe siècles. La disparition rapide, massive des esséniens à la fin du Ier siècle reste pour moi une interrogation. Peut-être que dans vingt ans on disposera d'explications plus précises...

Comme historien, je m'étonne de l'absence de relation précise de la documentation de Qumrân avec le christianisme. Quand je vois certains collègues qui cherchent à ancrer le christianisme dans la documentation de Qumrân, je m'interroge ! Il est vrai que certains prétendent que l'on aurait trouvé à Qumrân, dans la grotte n° 7, un minuscule fragment de l'évangile de Marc. Je crois qu'il s'agit là d'un canular universitaire.

Après ce constat un peu pessimiste, que faire pour tenter de répondre à la question posée : Jésus et Qumrân ? On peut évoquer la question des rapports de Qumrân avec Jean Baptiste, dont Jésus a été le disciple. Je ne cherche pas à faire de Jean Baptiste, dans le désert de Juda vraisemblablement, un qumrânien ou un essénien, mais grâce aux découvertes de Qumrân, la prédication de Jean Baptiste me semble éclairée par les questions qui portent sur le sens du baptême de Jean Baptiste et qui, malgré ce que disent les premiers textes chrétiens du Nouveau Testament, était aussi un baptême d'Esprit et de feu. C'est au moins ce que Jean Baptiste attendait et prêchait. On voit qu'à Qumrân on attendait aussi une illumination par l'Esprit qui pouvait ressembler à ce que Jean Baptiste disait du baptême qu'il attendait.

Du coup, Qumrân nous permet, sans tout expliquer, d'avoir accès à des sources du judaïsme que nous ne connaissions pas de la même façon auparavant et qui nous font connaître les idées qui avaient cours à l'époque des premiers disciples de Jean Baptiste et de Jésus.

Certains ont rapproché les esséniens de Qumrân d'un tout petit groupe de pieux qu'on connaît à Alexandrie à la fin de Ier siècle de notre ère, dont les membres s'appelaient eux-mêmes les thérapeutes. Par leur mode de vie, ils ressemblent beaucoup à ce que les historiens anciens nous disent des esséniens. Philon d'Alexandrie, un exégète juif qui a fait un commentaire du Pentateuque et qui est contemporain de Jésus, nous parle d'eux, aux alentours d'Alexandrie. Il est difficile de connaître leur origine. Là encore, ma question revient : est-ce qu'avec Qumrân, et peut-être avec les thérapeutes, on aperçoit quelque chose d'un mode de vie qui ressemble à ce qu'on connaîtra quatre siècles plus tard dans le christianisme : le monachisme ? Y avait-il déjà au Ier et au IIe siècle de notre ère, dans le milieu du judaïsme hétérodoxe, des gens qui étaient précurseurs de ce que seront plus tard les moines chrétiens ?

Ma dernière remarque concerne les fameux *pesharim*, ces commentaires de textes bibliques qui donnaient une interprétation littérale du texte biblique, avec chaque fois l'explication : « Ceci veut dire... » C'est là qu'on a trouvé des affirmations précises sur le Maître de Justice, la mort du Maître de Justice, etc. Ces commentaires bibliques ne peuvent certes pas nous donner une explication des titres accordés à Jésus. Mais je crois qu'ils peuvent nous éclairer sur la manière dont on lisait les textes de la Bible juive à l'époque de la rédaction du Nouveau Testament. Les évangiles rappellent que, à la synagogue, Jésus a lu un texte d'Ésaïe en annonçant que ce texte était accompli. Cette interprétation d'Ésaïe par Jésus est comparable à des lectures interprétatives que nous trouvons à Qumrân. Ce qui compte pour nous dans les manuscrits de Qumrân, au-delà des attestations des textes bibliques auxquels ils font référence, c'est leur manière de commenter le texte biblique. Celle-ci est pleine d'enseignements pour nous aujourd'hui.

CLAUDE TASSIN : Je reviens sur les *pesharim*. On peut élargir la question de manière intéressante. Les pharisiens à la synagogue ont instauré la lecture sabbatique de la Torah, de manière plus ou moins continue, illustrée par un passage des prophètes. On pensait que les prophètes déjà avaient actualisé le contenu de la Torah par leurs interpellations. Il y avait enfin le sermon, l'homélie. Pour les pharisiens, la Parole de Dieu est actuelle ; elle n'est pas enfermée dans le Livre et il faut en comprendre le sens pour aujourd'hui. Il y a cette même démarche dans le Nouveau Testament par rapport à l'Ancien Testament[1]. Ainsi, le christianisme n'est pas né sur le mode sadducéen. Pour les sadducéens, le texte sacré est un code dont on se contente, et que l'on suit à la lettre. Quand il y a un problème juridique, on trouve un scribe pour régler le problème.

Je vois cependant une différence entre le mode de lecture que le Nouveau Testament fait de la Bible juive et celui des *pesharim* de Qumrân. Ces derniers cherchent dans l'Écriture leur propre histoire comme pré-inscrite, il suffit de décoder les textes des prophètes pour y retrouver son histoire, avec parfois des incursions dans l'avenir. Dans le Nouveau Testament la démarche est inverse : l'Ancien Testament en tant que tel n'a pas de sens, c'est ce que dit Jésus qui lui donne sens. Cela est exacerbé par la méthode d'interprétation de l'Écriture chez Matthieu qui dit : « Jésus a posé tel acte à l'occasion de tel événement pour que s'accomplisse l'Écriture et pour donner le sens à l'Écriture. »

Par ailleurs, je me pose les mêmes questions que Jean-Daniel Dubois. Pourquoi ne retrouve-t-on pas d'influence

---

1. De même aujourd'hui les groupes juifs prennent l'Écriture comme la source de vie, à condition qu'on ne la laisse pas enfermée dans le Livre, mais qu'on la médite, qu'on l'actualise selon le procédé du *midrash* (scruter la loi).

des Esséniens sur les groupes chrétiens ? Pourquoi y a-t-il si peu de rapports entre les premiers groupes chrétiens et les esséniens ? Je n'ai guère plus de réponses que lui. Pour aborder le problème sous l'angle sociologique, peut-être que les esséniens sont plus une secte au sens moderne que les autres mouvements juifs. À la lecture des historiens, Flavius Josèphe, etc., on a l'impression que les autres mouvements juifs ne rejettent pas les esséniens comme hérétiques. Ils les admirent, mais ne les imitent pas ! Ils voient dans ce groupe des gens admirables, inimitables, qui vivent une utopie. Du coup s'explique le fait que les esséniens n'ont pas eu d'influence sur le milieu pharisien, tout comme ils n'en ont pas eu sur les milieux chrétiens. On peut aussi répondre à la question : pourquoi, dans la littérature des sages juifs, ne trouve-t-on pas de mention des esséniens non plus ? Je pense que, sociologiquement, c'est un peu en raison de leur caractère sectaire. De plus, chez les pharisiens, on n'écrit guère, on parle, on débat.

Je me demande aussi pourquoi on n'a pas de trace de cette littérature de Qumrân. Je ne sais pas. Mais il y a peut-être eu une censure sur cette littérature essénienne comparable à la censure qui s'est exercée contre la littérature apocalyptique. Au moment où le judaïsme renaît de ses cendres après la ruine de Jérusalem, on a écarté la littérature apocalyptique, comme trop dangereuse : on considérait que c'était cette excitation apocalyptique qui avait conduit le judaïsme à la ruine ! Je me demande s'il n'y a pas eu une censure de même type sur la production essénienne.

DÉBATS

ALAIN HOUZIAUX : *Quelle est la signification précise de l'expression « le Maître de Justice » ? Où situer les nabatéens dans toutes ces sectes ?*

JEAN-DANIEL DUBOIS : Les nabatéens n'apparaissent pas comme l'une des sectes de la diversité du christianisme ancien. Il s'agit d'une population qui ne vit pas trop loin de Jérusalem et qui est bien attestée en milieu araméen, bien avant le christianisme.

CLAUDE TASSIN : À propos de l'expression « le Maître de Justice », « celui qui fait voir la Justice », c'est une expression hébraïque qui vient d'Osée au chapitre 10. Cela signifie « celui qui enseigne la justice, la doctrine juste, comment être juste devant Dieu ». C'est un mot très prégnant en hébreu, très large : *sedek* ; ça ira jusqu'à vouloir dire « l'aumône », qui est un acte de justice, comme en arabe d'ailleurs.

Pour « juste », et donc pour « Maître de Justice », il y a deux interprétations. La première au sens moral : « juste devant Dieu » ; la seconde comme une fonction : le juste est celui qui enseigne la justice, c'est un scribe. On peut faire le rapprochement avec l'un des ministères de la communauté énumérés par Matthieu : il y a des prophètes, des docteurs,

116

des scribes. Et il y a même des missionnaires de la première époque qui se présentent comme des ministres de la justice. Paul les attaque, et il a l'air d'évoquer un titre en vogue dans certains milieux missionnaires.

Par ailleurs, je veux dire un mot sur la descendance de l'essénisme, quasi inexistante, on l'a dit. Il y a tout de même un groupe où on a montré des influences esséniennes, ce sont les karaïtes. Un groupe juif, né durant le haut Moyen Âge, dont la spécificité est d'avoir accepté seulement la loi écrite, la Bible, et d'avoir refusé la loi orale, l'autorité du Talmud. Un judaïsme sans Talmud. *Scriptura sola...*

ALAIN HOUZIAUX : On a dit d'eux que c'étaient les protestants du judaïsme !

CLAUDE TASSIN : Dans leurs écrits, il y aurait des influences esséniennes.

ALAIN HOUZIAUX : Autre question, qui touche à Jésus Christ : *Jésus se donne le titre de Fils de l'homme. Est-ce que ce titre est teinté d'essénisme ?* Je vais tenter de préciser les tenants et les aboutissants de cette question, puis je vous proposerai d'y répondre.

De fait, le titre que Jésus se donne le plus fréquemment n'est pas celui de Messie (Jésus a toujours eu une très grande réserve à se faire appeler ainsi), ce n'est pas non plus celui de « Serviteur souffrant », mais c'est celui de Fils de l'homme. À trente reprises Jésus reçoit le titre de Fils de l'homme, aussi bien dans les évangiles synoptiques que dans l'évangile de Jean. En général, quand on lit les textes, on constate que Jésus, en s'appelant le Fils de l'homme, semble désigner sa totale humanité, comme pour rappeler qu'il est un simple homme. En fait il n'en est rien. Le titre de Fils de l'homme dans la bouche de Jésus est le titre le plus céleste qui soit. Cette expression se trouve très rarement dans les écritures juives. On la trouve dans le livre de Daniel[1], où le Fils de l'homme est une sorte de représentation symbolique du peuple d'Israël, un peu comme Marianne serait la représentation symbolique de la République française.

Ensuite, cette figure du Fils de l'homme n'apparaît plus. Jésus la reprend plus tard de manière importante, et apparemment on ne sait pas d'où il la sort.

Or, il se trouve que l'un des livres retrouvés dans les grottes de Qumrân, le *Livre d'Hénoch*, parle abondamment du Fils de l'homme, qu'il décrit comme un être céleste, homme à l'image de Dieu, être parfait, très proche de Dieu, presque une hypostase de Dieu, qui viendrait à la fin des temps pour juger le monde et pour instaurer le Royaume de Dieu sur terre. Ce *Livre d'Hénoch* est le seul texte où il est question du Fils de l'homme entre le livre de Daniel, qui date du IIIe siècle avant Jésus Christ, et les évangiles où Jésus lui-même se désigne comme Fils de l'homme. Pour être précis, les références que le *Livre d'Hénoch* fait sur le Fils de l'homme ne figurent que dans une partie de ce livre : les *Paraboles* d'Hénoch.

Par rapport à cela, il y a deux interrogations. La première : la partie du *Livre d'Hénoch* où il est question du Fils de l'homme n'a pas été retrouvée dans les manuscrits de Qumrân. La deuxième interrogation concerne la date de ce livre des *Paraboles* où il est question du Fils de l'homme. Marc Philonenko, qui est un grand spécialiste de ces questions et qui a édité, comme Pierre Geoltrain, les écrits inter-testamentaires dans la collection de la Pléiade, dit que ce

---

1. Chapitre 7.

118

livre est un livre essénien, même s'il n'a pas été trouvé dans les grottes de Qumrân, et qu'il date de 40 avant Jésus Christ. Si c'est le cas, cela montre que le titre de Fils de l'homme était dans l'air du temps, au moins chez les esséniens avant la naissance de Jésus Christ. D'autres spécialistes disent que ce livre n'est pas essénien et qu'il date d'après Jésus Christ. Qu'en pensez-vous ?

CLAUDE TASSIN : Une des hypothèses est que ce livre des *Paraboles* d'Hénoch est du IIe ou du IIIe siècle après Jésus Christ, pour remplacer le *Livre des géants* dont a parlé Jean-Daniel Dubois. Il faut se méfier quand on parle du *Livre d'Hénoch*. Il n'y a pas « un » *Livre d'Hénoch* mais une littérature d'Hénoch. Le plus ancien des livres d'Hénoch s'appelle le *Livre astronomique* ; ensuite il y a le *Livre des veilleurs*, l'*Épître d'Hénoch* ; il y a au moins quatre morceaux, plus peut-être un cinquième.

Le problème est de savoir si le *Livre d'Hénoch* qu'on trouve à Qumrân est lui-même essénien. Si dans mille ans tout a disparu et qu'il ne reste plus que mon bureau qui sent le tabac, et ma bibliothèque, et qu'un chercheur trouve dans ma bibliothèque le Coran, parce qu'il y est, il va dire : « Tiens, le Coran a été écrit par des chrétiens ! » C'est le problème pour la littérature de Qumrân. Ils ont apporté des livres avec eux, ils ont recopié des livres qui n'étaient pas de chez eux. Sur les quatre livres d'Hénoch, je pense qu'il y en a un qui peut être essénien, mais les autres ne le sont pas. Cela veut dire tout de même que les esséniens étaient en lien avec les idées qui étaient dans ces livres.

Pour ce qui est des *Paraboles* d'Hénoch, je les crois anciennes, mais je ne les ferais pas remonter avant notre ère, pour des raisons philologiques. Mais, certes, on peut dire que la notion de Fils de l'homme est dans l'air, c'est le cas de le dire. Dans les deux dernières apocalypses pharisiennes, il y a l'idée d'un Messie céleste qui vient juger le monde. On attend un maître céleste qui vienne juger le monde. À Qumrân, dans les dernières couches littéraires, il y a la légende de Melchisédeq[2]. Melchisédeq, c'est un être qui n'a ni père ni mère ; il tombe du ciel. On attend « l'ange Melchisédeq », grand prêtre du ciel qui viendra juger l'univers à la fin des temps.

On est donc ici en présence d'un ensemble de traditions qui évoquent une figure céleste qui transcende l'histoire du monde. On attend quelqu'un qui vienne radicalement juger le monde et le faire basculer dans un monde renouvelé. Il y a une tradition dans laquelle cela s'est focalisé sur le titre de Fils de l'homme, puisque dans Daniel il apparaissait comme un être venant sur les nuées du ciel.

Je crois que, depuis dix ans, il n'y a pas eu une seule année sans que sortent une ou deux thèses sur le sens du mot « Fils de l'homme » dans les évangiles. On continue de s'interroger sur ce titre. Pour ma part, je reste convaincu que parfois le titre Fils de l'homme garde le sens de « Jésus dans son humanité » – cela arrive dans Ézéchiel : « Fils d'homme, prophétise ! » –, mais il y a au moins une couche littéraire où le Fils de l'homme est vu comme un être céleste.

On peut d'ailleurs se demander si à travers ce titre de Fils de l'homme Jésus parle de lui-même ou d'un autre. « Quand le Fils de l'homme viendra dans sa gloire » au sens primitif de la parabole, Jésus parle peut-être de lui ; il n'est pas évident que ses contemporains aient pensé d'emblée qu'il parlait de lui-même, car ils avaient dans la tête la représentation « être céleste ».

---

2. Qui est très éclairante pour l'épître aux Hébreux.

JEAN-DANIEL DUBOIS : Il faut être extrêmement prudent quant à la datation précise de tous les textes intertestamentaires qui circulent dans le judaïsme des Iᵉʳ et IIᵉ siècles avant notre ère, et qui, pour certaines parties en tout cas, sont attestés dans les grottes de Qumrân comme des textes lus par les esséniens de Qumrân. Il faut éviter les grandes hypothèses que nous avions dans les années soixante. Nous étions alors en pleine euphorie parce que nous pensions trouver des choses qui expliqueraient de façon définitive le mystère essénien, et montreraient des relations précises avec le christianisme naissant. Aujourd'hui, on ne peut plus dire de façon aussi simple : « Ce texte intertestamentaire est essénien ! » Tout ce qu'on peut dire, c'est : « Il y a des idées de ce texte qui sont attestées aussi à Qumrân. »

Il faut de plus bien distinguer le site de Qumrân, les gens qui ont habité à Qumrân, ceux qui lisaient les textes qui sont attestés à Qumrân, un cercle plus large d'esséniens au-delà de Qumrân, et un cercle encore plus large attesté par cette bibliothèque que nous rassemblons, nous, modernes, dans un corpus publié en un volume de la Pléiade, mais qui regroupe une très grande diversité que l'on ne peut pas identifier uniquement avec les manuscrits esséniens de Qumrân.

Alors, qu'en est-il du Fils de l'homme ? Si on pense effectivement que ce titre désigne une expression araméenne des Iᵉʳ et IIᵉ siècles avant notre ère qui pouvait vouloir dire « un simple humain », nous avons avec ce titre quelque chose d'analogue à ce que l'on trouve dans les apocalypses attestées à la fin du Iᵉʳ siècle : le quatrième livre d'Esdras, le deuxième livre de Baruch, par exemple, où on a la figure d'un juge eschatologique qui vient à la fin des temps sur des nuées. À Qumrân, nous avons la chance d'avoir même un texte araméen qui nous donne un titre relatif au Messie, « le Saint de

Dieu », qu'on pourrait interpréter comme « le Fils ». Je ne veux pas dire que ce texte nous donne la clé du Nouveau Testament qui nous parle de Jésus comme « le Saint » ou comme « le Fils » de Dieu. Peut-être qu'avec Qumrân et ces différents textes, y compris ceux qui nous parlent du Fils de l'homme, nous avons quelque chose de cette réflexion du judaïsme apocalyptique qui essaie de penser une figure céleste d'origine tellement divine qu'elle vient de Dieu.

ALAIN HOUZIAUX : Il est temps de conclure. Même si la pensée de Qumrân n'a pas directement influencé Jésus, même s'il est probable qu'elle n'a eu que peu d'influence sur le Nouveau Testament, il n'en est pas moins vrai qu'elle nous donne de précieuses indications sur certaines idées qui étaient dans l'air du temps au moment du ministère de Jésus et au moment où ont été rédigés les textes du Nouveau Testament.

Ainsi, les Béatitudes et le Sermon sur la Montagne de Matthieu auraient au moins un vocabulaire commun avec certains textes de Qumrân. L'expression « pauvres en esprit[3] » désigne dans le *Règlement de la guerre* de Qumrân[4] les membres de la communauté dite « Congrégation des pauvres ». L'interdiction de « se mettre en colère contre son frère[5] », celle de « jurer[6] », l'exigence de la perfection[7] se retrouvent également dans la *Règle* de Qumrân.

Mais ce qui m'intéresse et me trouble dans la pensée de Qumrân, ce ne sont pas ces quelques rapprochements que

---

3. Matthieu 5, 3.
4. XIV, 7-8.
5. Matthieu 5, 22.
6. Matthieu 5, 33-37.
7. Matthieu 5, 48.

l'on peut faire avec le Nouveau Testament. C'est plutôt ce qui me fait peur, cet univers apocalyptique terrifiant : le Jugement de Dieu par lequel seront exterminés les impies ; les justes qui ressuscitent pour mener avec Dieu le dernier combat purificateur ; le combat des « fils de lumière » contre « les fils des ténèbres ». Jugez-en vous-mêmes :

> Alors, le glaive de Dieu se précipitera, au temps du Jugement, et tous les fils de vérité se réveilleront pour exterminer l'impiété et tous les pécheurs n'existeront plus... Ils les fouleront aux pieds sans qu'il y ait un reste[9].

Et puis aussi, ce qui me fait peur, ce sont ces précisions trop subtiles, ces distinctions byzantines dans la description de la venue des derniers temps : un Prophète semblable à Moïse, deux Messies, celui d'Aaron (un prêtre) et celui d'Israël (un roi), etc. On se croirait au Mandarom de Castellane. Je veux bien croire que Jésus, le doux prophète de Galilée, n'a rien à voir avec tout cela. Mais au fond, ce n'est pas si sûr. Jésus a lui aussi fait référence au Fils de l'homme qui siège au moment du Jugement dernier pour séparer les brebis des boucs. Et puis, on retrouve dans l'évangile de Jean, dans la deuxième épître de Paul aux Corinthiens et aussi dans l'épître aux Éphésiens ces oppositions lumière/ ténèbres, vérité/mensonge, justice/impiété, croyant/incrédule, Christ/Bélial si caractéristiques du manichéisme avant la lettre de Qumrân. Et puis, n'oublions pas, il y a aussi dans notre Nouveau Testament un livre, l'Apocalypse, dont les thèmes rappellent le *Règlement de la guerre* de Qumrân.

Que faut-il en penser ? Faut-il dire que toute religion, y compris le judaïsme et le christianisme, tend inévitablement

---

8. *Hymnes* VI, 29-32.

vers des délires hallucinatoires, des perversions terroristes et des pugilats insupportables ? Faut-il au contraire se réjouir que l'évangile des Béatitudes (cette merveille d'irénisme et de non-violence) soit tombé, comme une graine venue d'en haut, dans un terrain aussi contrariant ? La pensée de Qumrân est révélatrice des idées religieuses qui avaient cours au moment où Jésus a commencé à prêcher son Évangile. Et le moins que l'on puisse dire, c'est que la prédication de Jésus apparaît radicalement différente et même incongrue par rapport à son époque. Faut-il dire que, contrairement à ce qu'enseigne la parabole du semeur de Marc 4, Dieu a choisi le terrain le plus ingrat pour y semer l'évangile de l'amour ?

Dire que la Parole s'est faite chair (c'est-à-dire faiblesse, humanité, contingence, contextualité, péché), c'est dire que la Parole du Dieu éternel, parfait, unique et amour peut se révéler dans tout contexte humain et pécheur quel qu'il soit, celui du Mandarom de Castellane, comme celui des esséniens du Ier siècle avant notre ère. La preuve : Bethléem est à vingt kilomètres de Qumrân.

IV

JÉSUS ET LES ÉVANGILES GNOSTIQUES

7

JÉSUS
ET LES ÉVANGILES GNOSTIQUES

Jean-Daniel DUBOIS

Après l'impact provoqué par les découvertes de Qumrân sur la compréhension des origines du christianisme, voici que la publication, dans la Bibliothèque de la Pléiade chez Gallimard, d'une anthologie de textes apocryphes chrétiens[1] vient relancer l'intérêt pour l'étude des premiers siècles chrétiens. Et pourtant, curieusement, la découverte des manuscrits coptes de Nag Hammadi, en décembre 1945, n'a pas

---

1. *Bibliographie. Écrits apocryphes chrétiens,* F. BOVON et P. GEOLTRAIN, Paris, éd. Gallimard, 1997, LXVI + 1782 p. Sur ce sujet, on consultera aussi les *Évangiles apocryphes* réunis et présentés par France QUÉRÉ, coll. Points Sagesses, Paris, Seuil, 1983, et *Les gnostiques* de Jacques LACARRIÈRE, coll. Spiritualité vivante, Albin Michel, 1994.
Madeleine SCOPELLO, *Les gnostiques,* coll. Bref, Paris, Cerf, 1991, 127 p. Hans Jonas, *La religion gnostique,* Paris, Flammarion, 1978, 506 p. (Cette traduction de l'anglais remonte à un ouvrage de 1958 qui ne tient pas assez compte des découvertes de Nag Hammadi, présentées maintenant dans les *Dossiers d'archéologie,* n° 236, septembre 1998 : *Les manuscrits de Nag Hammadi, Le christianisme primitif et la gnose.*)

suscité l'attention du grand public. Alors que les manuscrits de Qumrân permettent d'avoir accès à des documents juifs antérieurs au christianisme, les textes de Nag Hammadi, un petit village en Haute-Égypte, près de Louxor, éclairent la postérité des écrits du Nouveau Testament et, dans certains cas, ils permettent de remonter très haut dans l'histoire littéraire des textes du Nouveau Testament.

Ces documents représentent une cinquantaine de textes, conservés dans la langue de l'Égypte chrétienne, c'est-à-dire cette forme de la langue égyptienne écrite avec des caractères grecs et quelques lettres autochtones. De tous ces textes, allant d'une page à quelques dizaines de pages, à peine un tiers seulement était connu depuis l'Antiquité, par des références anciennes ou des allusions. La plupart de ces textes conservés en copte, dans une série de reliures qui datent environ du milieu du IVe siècle, proviennent de textes grecs rédigés aux IIe et IIIe siècles ; mais l'un d'entre eux, au moins, remonte sans doute à la fin du Ier siècle de notre ère : l'*Évangile de Thomas*. Pour commencer, il faudra préciser le domaine évoqué par cette nouvelle découverte et caractériser brièvement les milieux que l'on qualifie de gnostiques. Puis il sera fait place à quelques exemples tirés de textes anciens. Un privilège particulier sera accordé, alors, à l'un des plus célèbres évangiles récemment découverts : l'*Évangile de Thomas*.

Sur les paroles de Jésus et la gnose : Helmut KŒSTER, « Les discours d'adieu de l'évangile de Jean : leur trajectoire aux Ier et IIe siècles », in *La communauté johannique et son histoire,* Genève, Labor et Fides, 1990, p. 269-280.

Qu'est-ce que la gnose ? Que furent les gnostiques ?

Dans l'Antiquité chrétienne, les cercles et les mouvements gnostiques ont été beaucoup critiqués par les écrits des Pères de l'Église. Pour ces derniers, les gnostiques étaient des hérétiques. Cette perspective historique a duré jusqu'au XIXe siècle ; on ne connaissait les gnostiques que par les quelques citations qu'en faisaient les Pères de l'Église ou par les réfutations des hérésiologues (Irénée de Lyon, Tertullien, Épiphane de Salamine, Augustin...). Avec les voyages d'érudits au Moyen-Orient aux XVIIIe et XIXe siècles, on commence à découvrir des textes gnostiques originaux, que l'on conserve aujourd'hui dans des musées, comme à Berlin, Londres ou Oxford. Le codex gnostique de Berlin comporte un *Évangile de Marie*, un *Apocryphe de Jean*, une *Sagesse de Jésus*, et un acte apocryphe sur l'apôtre Pierre. Avec les textes de Nag Hammadi, conservés aujourd'hui au Caire, voici une cinquantaine de textes permettant d'avoir un accès direct à des gnostiques anciens.

Grâce à cette documentation nouvelle, on peut mieux cerner la diversité du christianisme des premiers siècles. De l'Antiquité au XIXe siècle, on a cru que le christianisme des origines avait été uni jusqu'au moment où, les générations se succédant, la diversification s'était faite comme les branches issues d'un même tronc ; les hérésies étaient alors des branches très éloignées du tronc commun, ainsi que le montrent les écrits des Pères qui ont combattu les hérésies, Justin à Rome, Irénée à Lyon, Tertullien à Carthage, pour ne citer que les premières grandes figures.

Aujourd'hui, on pense à une diversité originelle pour rendre compte des formes de christianisme, autour de Paul, de Jean, de Pierre, de Jacques[2]. L'orthodoxie s'est construite

---

2. Voir par exemple F. VOUGA, *Les premiers pas du christianisme, op. cit.*

progressivement contre cette diversité ; et c'est ainsi que l'on a commencé à qualifier d'hérétiques les personnes qui ne correspondaient pas au profil des orthodoxes. Ce phénomène lent a pris un ou deux siècles, suivant les régions où le christianisme s'est répandu.

Il en ressort une vision des gnostiques différente de la perspective hérésiologique de l'Antiquité ; si le qualificatif d'hérétique a été collé aux gnostiques tout au long de l'histoire du christianisme, aujourd'hui on s'aperçoit, grâce aux textes de Nag Hammadi, que les gnostiques correspondent à un spectre très large des formes diverses du christianisme ancien. Certains sont d'origine judéo-chrétienne ; d'autres existent dans les rangs des communautés chrétiennes traditionnelles, tout en se prétendant supérieurs aux autres ; d'autres encore construisent des systèmes théologiques grâce à leur découverte des milieux philosophiques ; il s'agit de chrétiens qui essaient d'allier la philosophie à la foi chrétienne selon les méthodes enseignées dans les écoles platoniciennes ou stoïciennes du IIe siècle ; d'autres fréquentent les milieux de sagesse égyptienne. Bref, à y regarder de plus près, les gnostiques correspondent à la diversité du christianisme que l'on connaît par l'étude des premiers siècles. Pour les définir globalement, on peut relever pourtant quelques caractéristiques communes :

• Une conception du salut fondée sur l'acquisition de connaissances ; la connaissance des mystères secrets, la « gnose » – ce terme transcrit en français le terme grec qui désigne la connaissance –, garantit l'accès à la foi véritable.

• Un système théologique centré sur l'homme, et pas d'abord sur Dieu ou le Christ ; la gnose est avant tout une réflexion sur l'origine du mal et les moyens de sortir de la prison du corps ou du monde terrestre.

• Un système axé sur les préoccupations cosmologiques ; qu'y avait-il avant la genèse décrite dans la Bible dans Genèse 1, 1 ? Qu'y avait-il avant le commencement ? Les gnostiques affirment très nettement que la connaissance du monde sensible décrit en Genèse 1 n'est que partielle ; au-dessus du monde sensible, il y a d'autres mondes, perceptibles par les seules facultés intellectuelles.

• L'opposition au Dieu biblique de la Genèse, réduit à la fonction d'un dieu inférieur, par contraste avec un Dieu transcendant, inaccessible au monde terrestre ; cette dévalorisation du Dieu biblique correspond à un certain antijudaïsme connu lors de la séparation des chrétiens et des juifs, vers la fin du Ier siècle jusque vers le milieu du IIe siècle. On pense à cette période quand on lit l'épisode biblique de l'aveugle-né selon Jean 9. Cette période difficile pour l'histoire des communautés chrétiennes correspond aussi à la période d'éclosion des mouvements gnostiques, dont on peut dire qu'ils florissaient dans la deuxième moitié du IIe siècle. Pour simplifier, on dira que les gnostiques ont surtout existé entre le IIe et le IVe siècle.

QUELQUES CITATIONS

Après ces généralités pour situer l'émergence des mouvements gnostiques et leurs préoccupations, voici quelques citations tirées des textes eux-mêmes afin d'illustrer la manière dont les gnostiques considéraient la figure de Jésus.

Évangile selon Marie

La figure de Marie évoquée dans ce texte n'est pas celle de la mère de Jésus, mais celle de Marie Madeleine. Avec ce texte du IIᵉ siècle, conservé en copte dans le Codex de Berlin et dans deux fragments grecs[3], il est difficile de se faire une idée de l'ensemble de cet apocryphe, car plusieurs pages manquent. Mais il s'agit principalement d'un dialogue entre Jésus et ses disciples[4] selon le cadre traditionnel des textes gnostiques qui mettent en scène Jésus après sa résurrection et avant son ascension, soit l'équivalent du cadre narratif de Luc 24 ou de Jean 20.

Le Sauveur transmet un enseignement ouvert puis un enseignement secret, et particulièrement à Marie Madeleine, premier témoin de la résurrection selon Marc 16, 9. Le contenu de cet enseignement vise la présence du Fils de l'homme à l'intérieur de chacun des disciples, les véritables gnostiques. À la page 8 du texte copte, le Sauveur renvoie aux exhortations traditionnelles des évangiles synoptiques sur les faux prophètes annonçant le Messie (Matthieu 24, 4-5 et parallèles) :

> Veillez à ce que personne ne vous égare par ces mots : Le voici ou le voilà ! Car le Fils de l'homme est au-dedans de vous. Allez à sa suite. Ceux qui le cherchent le trouveront[5].

Avec cette exhortation, on voit que les paroles du Sauveur sont proches des textes canoniques ; mais la formule sur la

---

3. Le papyrus Rylands 463, dans une version différente du texte copte, et le papyrus d'Oxyrhynche 3525.
4. Voir Anne PASQUIER, *L'Évangile selon Marie*, Québec, Presses de l'Université Laval, 1983 (Bibliothèque copte de Nag Hammadi, 10) ; et Michel TARDIEU, *Écrits gnostiques, Codex de Berlin*, Paris, Cerf, 1984 (Sources gnostiques et manichéennes, 1), p. 75-82 et p. 225-237.
5. M. TARDIEU, *op. cit.*, p. 76-77.

présence du Fils de l'homme « au-dedans de vous » précise l'ambiguïté de la formulation lucanienne de Luc 17, 21 : « Le royaume de Dieu est parmi vous. » La prédication du royaume est explicitée par une attaque des lois et des règles et surtout par un appel à des commentaires sur les paroles du Sauveur. Marie Madeleine illustre cela, un peu plus loin, par une discussion sur la parole de Luc 12, 34 (*cf.* Matthieu 6, 21) : « Là où est votre trésor, là aussi sera votre cœur. » À la page 10 du texte copte, Marie rapporte son expérience de la vision du Sauveur, et dit en effet : « Là où est l'intellect, là est le trésor. » C'est dire que le trésor n'est pas dans les cieux, mais dans le cœur de l'homme, au sens de l'anthropologie sémitique, dans la partie la plus haute du corps, celle qui contient les facultés intellectuelles permettant la vision du Ressuscité.

Épître apocryphe de Jacques

Ce texte, conservé en copte, ne comporte pas de titre dans le manuscrit ; mais les éditeurs modernes lui ont attribué ce titre, étant donné son contenu : une révélation du Seigneur à Jacques[6]. Comme le texte évoqué précédemment, il aurait pu s'agir d'un évangile gnostique, puisque la révélation du Sauveur doit être gardée secrète, et transmise seulement aux initiés. Dès la première page, on apprend ainsi que Jacques reçoit cette révélation dans des conditions particulières :

> Puisque tu m'as prié de t'envoyer un [écrit] secret qui m'a été révélé, à moi ainsi qu'à Pierre, par le Seigneur, je n'ai pu certes te [le] refuser, ni te parler [de vive voix], mais [je l'ai]

---

6. Voir D. ROULEAU, *L'Épître apocryphe de Jacques*, Québec, Presses de l'Université Laval, 1987 (Bibliothèque copte de Nag Hammadi, 18).

écrit en lettres hébraïques [et] je te l'ai envoyé, à toi seul, mais en temps que serviteur du salut des saints. Applique-toi et garde-toi de divulguer cet écrit à beaucoup, lui que le Sauveur n'a pas voulu divulguer à nous tous, ses douze disciples. Ils seront cependant bienheureux ceux qui seront sauvés par la foi en ce discours (1,8-28)[7].

Comme on l'a remarqué auparavant, la foi ne suffit pas pour le salut ; il faut une foi garantie par la connaissance d'une révélation secrète transmise par le texte écrit.

À la page suivante, les disciples se trouvent rassemblés pour « se rappeler ce que le Sauveur avait dit à chacun d'eux, soit en secret, soit ouvertement, et qu'ils fixaient dans des livres » (2, 10-15). Ce scénario narratif rappelle une réalité historique connue au début du IIᵉ siècle, quand la rédaction de textes évangéliques divers provoque l'envie d'en écrire d'autres, et de mettre de l'ordre dans le foisonnement de textes que l'on qualifiera un jour d'apocryphes. D'un point de vue gnostique, le temps de la révélation est celui du Sauveur ressuscité, dans le temps qui sépare la résurrection de l'ascension ; l'épître apocryphe de Jacques évoque une période de cinq cent cinquante jours, et non pas quarante jours comme dans le texte des Actes des Apôtres (1, 3) ; cette période rappelle à quelques jours près celle de l'*Ascension d'Ésaïe* (9, 16), un autre texte apocryphe de cette période[8], ou les dix-huit mois évoqués par Irénée de Lyon à propos des gnostiques valentiniens et ophites[9] ; dans le texte gnostique de la *Pistis Sophia* (livres I et III), cette période s'étend jus-

---

7. *Ibid.*, p. 33 et 35.

8. Voir E. NORELLI, *Ascension d'Ésaïe*, Turnhout, Brepols, 1993 (Brepols Apocryhes), p. 136.

9. *Contre les hérésies*, I, 3, 2 et 30, 14.

qu'à onze ans, comme s'il fallait garantir la masse des discours du Ressuscité aux disciples.

Toujours dans cette même épître apocryphe, on découvre que le contenu des enseignements secrets porte sur l'interprétation de paraboles. Le Sauveur dit en effet (p. 8,1-10) :

> Vous m'avez contraint à rester auprès de vous encore dix-huit jours à cause des paraboles. C'était suffisant pour des hommes : ils ont écouté l'enseignement et ils ont compris « les Bergers », « la Semence », « la Construction », « les Lampes des vierges », « le Salaire des travailleurs », « les Dix drachmes et la femme » [10].

Cette liste renvoie à un enseignement catéchétique sur des paraboles évangéliques :

– les bergers : soit le bon berger de Jean 10, soit la brebis perdue de Matthieu 18, 10-14, Luc 15, 4-8, *Évangile de Thomas* 107 ;

– la semence : soit le semeur de Marc 4, *Évangile de Thomas* 9 ; soit la graine de moutarde de Marc 4, 30-32, *Évangile de Thomas* 20 ; soit la graine qui pousse d'elle-même de Marc 4, 26-29, *Évangile de Thomas* 21 ; soit le bon grain et l'ivraie de Matthieu 13, 24, *Évangile de Thomas* 51 ;

– la construction : Matthieu 7, 24-27 ;

– les lampes des vierges : Matthieu 25, 1-13 ;

– le salaire des travailleurs : Luc 12, 35-38 ;

– les dix drachmes et la femme : Luc 15, 8-11.

On voit par cet exemple que l'enseignement secret porte ici sur la manière d'interpréter des paroles de Jésus, comme le montre aussi un autre évangile apocryphe, l'*Évangile selon Philippe*.

---

10. Voir D. ROULEAU, *op. cit.*, p. 61.

Cet autre évangile gnostique de la collection de Nag Hammadi (Codex II), conservé en copte, comporte lui aussi de nombreuses références à des paroles de Jésus, et à des commentaires subtils de ces paroles[11]. Au *logion* 19, on lit une interprétation des noms du Sauveur :

> « Jésus » est un nom caché, le « Christ » est un nom manifesté. C'est pourquoi « Jésus » n'existe dans aucune langue, mais son Nom est « Jésus » selon la manière dont on l'appelle. D'autre part, le « Christ », son nom est « Messie » en syriaque, et « Christ » en grec. Dans tous les cas, tous les autres l'ont selon la langue de chacun d'eux. Le « Nazaréen » est ce qui est manifesté de ce qui est caché[12].

On retrouve au *logion* 47 le même genre d'utilisation des noms du Sauveur, avec leurs significations :

> Les Apôtres qui étaient avant nous l'appelaient ainsi « Jésus le Nasoréen, Messie », c'est-à-dire « Jésus le Nasoréen, le Christ ». Le dernier nom est le « Christ » ; le premier est « Jésus ». Celui du milieu est le « Nazaréen ». « Messie » a deux significations : aussi bien le « Christ » que le « limité ». « Jésus » en hébreu est la « Rédemption », « Nazara », « la Vérité ». « Le Nazaréen » est alors « celui de la Vérité ». Le Christ qui a été limité, c'est le « Nazaréen » et « Jésus » qui l'ont limité[13].

Cette série d'interprétations des noms du Sauveur renvoie à des jeux de mots sur nazaréen-nasoréen, et aux sens du terme

---

11. Voir J. MÉNARD, *L'Évangile selon Philippe, Introduction, Texte, Traduction, Commentaire,* Paris, Letouzey et Ané, 1967.
12. *Ibid.,* p. 57.
13. *Ibid.,* p. 69.

que l'on traduit par Messie, et qui veut dire aussi bien étendre, oindre, que mesurer, limiter. On retrouve ici des spéculations des gnostiques valentiniens sur le rôle de certaines figures du Sauveur, limite entre le monde transcendant et le monde de la révélation. Si le Dieu transcendant des valentiniens est sans mesure, le Sauveur est la limite entre les demeures célestes et le monde d'ici-bas. Pour percevoir la profondeur des allusions à des significations cachées des termes, il faut renvoyer à un milieu bilingue qui parle aussi bien grec qu'araméen ; on peut donc penser qu'une partie de ces réflexions remontent à la communauté primitive à Jérusalem, ou au christianisme des origines, aux environs d'Antioche.

Dialogue du Sauveur

Un texte aussi ancien que l'*Évangile selon Philippe* est conservé, dans le Codex III de Nag Hammadi : le *Dialogue du Sauveur*. Malheureusement très lacunaire, ce texte n'a pas encore été traduit en français[14]. Le cadre narratif qui ouvre ce traité semble traditionnel :

> Le Seigneur dit à ses disciples : Voici, le temps est déjà venu, mes frères, où vous déposerez votre fardeau et où vous vous tiendrez en repos. Celui qui se tiendra en repos demeurera éternellement. Mais moi je vous ai dit :... [lacune].

On pense à l'évocation du repos éternel après la mort, comme l'horizon marqué au début de l'*Évangile de Thomas*.

---

14. Voir l'édition critique de S. EMMEL, H. KŒSTER, E. PAGELS, *Nag Hammadi Codex III, 5, The Dialogue of the Saviour,* Leyde, E. J. Brill, 1984 (Nag Hammadi Studies 26).

Un peu plus loin (p. 121), le Sauveur parle encore :

> Mais quand je vins, j'ai ouvert la voie et je leur ai enseigné à propos du passage qu'ils doivent traverser, eux les élus et solitaires qui ont connu le Père, ayant cru en la vérité et aux louanges que vous aurez adressées. Quand vous glorifiez, dites ceci : Écoute-nous, Père, comme tu as écouté ton Fils unique et comme tu l'as reçu...

Le texte qui suit semble correspondre à une série de paroles de Jésus, commentées selon des interventions diverses de disciples, comme Matthieu, Jude, Marie (Madeleine), les disciples. La première unité littéraire repérable, aux pages 124-126, rappelle l'*Évangile de Marie*. Dans une suite de questions et de réponses, le Sauveur dit :

> La lampe du corps, c'est l'intellect. Tant que les choses qui sont en vous [...] sont bien ordonnées [...] votre corps est lumineux. Tant que vos cœurs sont ténèbres...

Le commencement de la parole du Sauveur rappelle une phrase évangélique sur l'œil, lampe du corps (Matthieu 6, 22-23 ; Luc 11, 34-36 ; *Évangile de Thomas* 24). On pourrait penser que ce texte élabore un commentaire qui rejoint celui de l'*Évangile de Marie* tout en s'appuyant sur des oppositions comme lumière et ténèbres, ou corps et cœur (*cf.* Jean 11, 9-10 ; 12, 35, etc.). La difficulté de l'interprète moderne vient de ce qu'il manque de parallèles précis pour reconstruire les lambeaux de phrases, conservés ici et là sur les pages du papyrus. Pour l'instant, on ne peut procéder que par approximation. Mais il s'agit sans aucun doute d'un texte ancien, caractéristique des évangiles gnostiques du IIe siècle composés de paroles de Jésus et de leurs commentaires.

Il n'en va pas de même du fameux *Évangile selon Thomas*. Ce texte apocryphe a la chance d'être très bien conservé en copte, par-delà trois fragments grecs, connus depuis le début du siècle parmi les papyrus d'Oxyrhynche, n° 1, 654 et 655. Édité de manière critique en 1959[15], il n'a cessé depuis lors de susciter une vague impressionnante de travaux scientifiques sur le contenu des quelque cent quatorze paroles attribuées à Jésus qu'il contient. Dès le début, on s'est empressé de comparer le texte copte aux nombreuses paroles de Jésus conservées par les évangiles canoniques. Il en est ressorti un questionnement sur la dépendance ou l'indépendance des paroles de l'*Évangile de Thomas* par rapport au texte des évangiles canoniques. Une deuxième vague de travaux sur ce texte problématique a encouragé des études sur les liens de ce texte avec les milieux gnostiques du IIe siècle ; dans cette perspective, il a semblé facile de montrer que bon nombre de passages étaient issus de mélanges entre plusieurs passages des textes canoniques. Aujourd'hui, il existe toujours deux écoles pour interpréter ce texte dont certaines parties sont très anciennes – d'aucuns voudraient faire remonter quelques paroles aux premières années du mouvement Jésus, d'autres s'ingénient à montrer que c'est un texte tardif, bien postérieur aux textes du Nouveau Testament. Il nous paraît possible de montrer que l'*Évangile de Thomas* s'inscrit dans une recherche sur un continuum littéraire : nous possédons

---

15. *Cf.* A. GUILLAUMONT *et alii*, *L'Évangile selon Thomas*, Paris, PUF, 1959 (avec une traduction française). Aujourd'hui, il faut consulter l'édition américaine de H. KŒSTER, B. LAYTON, H.W. ATTRIDGE, *Nag Hammadi Codex II, 2-7*, vol. I, Leyde, E. J. Brill, 1989 (Nag Hammadi Studies 20), p. 37-128.

un texte copte, du milieu du IVe siècle, traduit du grec ; mais les fragments grecs conservés provenant de textes différents, ainsi que quelques citations, attestent que ce texte circulait en grec en Égypte de manière assez large, dès la fin du IIe siècle. L'ordonnancement des paroles dans le texte copte et dans les fragments grecs montre aussi qu'il existait plusieurs formes de collections de paroles de Jésus, comme celles que l'on présuppose dans la préhistoire littéraire des évangiles canoniques.

À remonter dans la chaîne de transmission de ces collections de paroles, on s'aperçoit que la plupart des paroles conservées et attribuées à Jésus s'appuient sur des commentaires de passages de la Bible juive. Prenons l'exemple de cette phrase que l'apôtre Paul cite comme « Écriture » (donc comme une citation de la Bible juive) en 1 Corinthiens 2, 9 : « Ce que l'œil n'a pas vu, ce que l'oreille n'a pas entendu et ce qui n'est pas monté au cœur de l'homme... » Au niveau du texte paulinien, cette citation d'Écriture est déjà un mélange d'Esaïe 64, 3, du Psaume 30, 20 (LXX) et de Jérémie 3, 16. Dans l'*Évangile de Thomas,* on retrouve cet amalgame élaboré en quatre éléments dont un tiré de 1 Jean 1, 1, et attribué à Jésus lui-même. Le renvoi à la première épître de Jean indique que ce genre de propos a fait partie de controverses au sein de la communauté johannique. Dans les textes de Nag Hammadi, on retrouve ce type d'amalgame de citations bibliques dans la *Prière de Paul* (du Codex I), sous forme d'une parole du Sauveur ressuscité.

Avec l'*Évangile de Thomas*, il faut en effet sonder ce qui précède le texte et ce qu'il a produit. De toute manière, pour les passages qui sont proches des évangiles synoptiques, on retiendra que l'*Évangile de Thomas* conserve des paroles souvent très anciennes ; certaines paraboles sont stylisées, avec moins de traits apocalyptiques que dans les évangiles

canoniques ; dans certains cas, on relève des traits rédaction-
nels spécifiques comme dans la parabole du filet (*logion* 8),
où le pêcheur est « sage » et où le poisson pêché est unique
(comme dans la parabole de la perle de grand prix ; voir aussi
Évangile de Thomas 76, ou la parabole de la brebis, *Évangile
de Thomas* 107) ; le poisson est aussi « bon » comme le « bon
fruit » du *logion* 9. À l'heure actuelle, on est en train de
retrouver les marques d'une véritable composition littéraire
de ce texte dont la cohérence n'apparaît pas au premier coup
d'œil (ni même au second !).

Si l'on cherche à préciser le milieu de production d'un
texte aussi énigmatique, on peut relever un jeu d'indices qui
tournent autour des figures d'apôtres mentionnées ici et là.
Le célèbre *logion* 114 où il est dit : « ...Toute femme qui se
fera mâle entrera dans le Royaume des cieux » a fait penser
que le milieu de production d'un tel texte pouvait être celui
d'ascètes n'acceptant pas de présence féminine en son sein.
Avec la figure de Marie Madeleine, évoquée aux *logia* 21 et
114, et avec la critique explicite de la figure de Pierre, aux
logia 13 et 114, on peut penser plutôt que des femmes partagent la condition de disciples, au milieu de ceux qui se récla-
ment de l'apôtre Thomas, figure exemplaire du disciple, dans
le christianisme de la Syrie septentrionale (voir par exemple
les *Actes de Thomas*).

La période la plus vraisemblable de fabrication d'une telle
collection de paroles attribuées à Jésus semble être celle où
Jacques est encore reconnu comme chef suprême de l'Église
de Jérusalem (*logion* 12), où Pierre est critiqué (*logia* 13 et
114), mais pas au centre du groupe des Douze, où Matthieu
est proche (*logion* 13) et où Thomas domine cette forme de
christianisme itinérant. On est donc sans doute au temps du
troisième ou du quatrième quart du Ier siècle, à une période
où circulent des collections de paroles de Jésus, et où l'on

rédige des évangiles qui deviendront plus tard les évangiles canoniques. Le genre de vie, de piété (*logia* 6, 14, 21, 22) et de pauvreté (*logion* 54) des missionnaires itinérants (*logion* 42) a été bien analysé par une monographie récente de Stephen Patterson[16]. On y découvre une forme de christianisme originale, très peu gnostique en fait, mais ancrée dans des pratiques d'ascèse chrétienne, au moins deux siècles avant les formes d'ascèse que l'on rencontre dans le monachisme anachorétique du désert égyptien. Si l'*Évangile de Thomas* permet de remonter bien en deçà du texte copte, et parfois même du grec, à une période antérieure à la rédaction définitive des évangiles canoniques, il restera un sujet de recherches pour nombre de questions que l'on peut se poser sur les premières générations du christianisme, à Jérusalem et dans le monde syriaque.

L'*Évangile de Thomas* est sans conteste l'évangile apocryphe le plus célèbre qui soit issu de la collection des textes coptes de Nag Hammadi, découverts en 1945. Il reste encore de nombreuses questions à son sujet, d'autant plus qu'il s'agit d'un évangile parmi d'autres que l'on pourrait étudier dans la collection de Nag Hammadi. Chacun à sa manière éclaire un aspect de la vie et des controverses des communautés chrétiennes anciennes. Avec les textes évoqués jusqu'à présent, on a accès à un patrimoine impressionnant de paroles attribuées à Jésus. Il sera toujours impossible de savoir si Jésus les a prononcées effectivement. Mais avec la comparaison évoquée entre 1 Corinthiens 2, 9 et l'*Évangile de Thomas* 17, on peut mieux comprendre comment une réflexion théologique, fondée sur un texte biblique, ou un assemblage de plusieurs

---

16. *The Gospel of Thomas and Jesus*, Sonoma, Californie, Polebridge Press, 1993, p. 121-214.

textes bibliques, a pu servir comme anecdote, maxime de sagesse ou parabole ; grâce à l'*Évangile de Thomas,* on peut voir comment une parole a progressivement circulé comme Écriture puis comme parole de Jésus. Apparemment, la mise en circulation de paroles attribuées à Jésus s'est faite au cours d'une constitution par écrit de collections de paroles, dès la deuxième moitié du Ier siècle, peut-être même au temps de l'apôtre Paul lui-même (*cf.* 1 Corinthiens 1-4). Avec l'*Évangile de Thomas,* même conservé en copte, on peut remonter très haut dans l'histoire de la rédaction des textes évangéliques, avant l'étape de leur rédaction finale. À ce titre, l'*Évangile de Thomas* comme les autres évangiles gnostiques, découverts à Nag Hammadi, donnent accès à un pan de la préhistoire des évangiles du Nouveau Testament.

8

LA GNOSE ET LES ÉCRITS CHRÉTIENS

Pierre GEOLTRAIN

La gnose et les gnostiques dont nous parlons nous semblent très lointains, mais il suffit sans doute que nous nous reportions aux textes canoniques bien connus pour y trouver ce que les Pères de l'Église, à tort ou à raison, ont considéré comme l'origine de la gnose. En effet, dans Actes 8, Pierre rencontre un certain Simon le Magicien, qui fait des miracles et cherche à acheter le pouvoir de guérir que possèdent les apôtres. Simon est originaire de Samarie, une ville et une région honnies par les juifs, entre autres raisons parce que les Samaritains avaient jadis construit un temple sur le mont Garizim.

SIMON À L'ORIGINE DE LA GNOSE ?

Les Pères de l'Église, comme Irénée[1] ou Hippolyte[2], supposent que ce Simon serait le premier gnostique. En effet, à la fin

1. Dans son *Contre les hérésies*.
2. Dans sa *Réfutation de toutes les hérésies*.

144

du IIe siècle, ces deux Pères pensent l'un et l'autre que la gnose a fait son apparition dès le début du christianisme. C'est du moins la façon dont nos auteurs se représentent l'histoire. En tout cas, à partir de ce Simon, disent-ils, on voit s'étendre la gnose, d'abord avec l'un de ses disciples, Ménandre, puis avec des personnages comme Saturnin à Antioche de Syrie. Très vite, entre 120 et 150, un dénommé Basilide prêche une doctrine qu'on pourrait déjà appeler gnostique et qu'il a l'audace de faire remonter à Jésus lui-même.

Entre les débuts de la prédication apostolique en Palestine et le IIe siècle, la gnose se propage, d'abord d'Antioche de Syrie à Alexandrie, et bientôt (vers 140) à Rome, où arrive Valentin, le premier grand concepteur du mythe gnostique. Il va rester une vingtaine d'années dans cette ville. Ce Valentin, Égyptien d'origine, vient d'Alexandrie. Il finira par rompre avec l'Église pour des raisons qu'on ignore. D'après les fragments que nous ont conservés Clément d'Alexandrie et Hippolyte de Rome, on peut penser qu'il délivrait un enseignement pour le moins étrange par rapport à ce qu'était la théologie chrétienne.

LE MYTHE GNOSTIQUE

Dans la prédication qu'il donnait à la communauté chrétienne de Rome, Valentin aurait annoncé que la chair – c'est-à-dire le corps – serait la matière suspendue à l'âme du créateur du monde (un créateur d'une nature inférieure). Cette présentation assez hermétique doit être replacée dans le cadre de la vision du monde – de son origine et de ses fins – que professaient les gnostiques. Ceux-ci estimaient que, lorsqu'on voit comment est construit le monde et comment se conduisent les hommes (c'est-à-dire les créatures de Dieu), on doit

145

considérer que le Dieu qu'on adore ne peut pas être le Dieu créateur. Puisqu'il est impensable que Dieu lui-même soit le démiurge créateur du monde, il faut donc qu'il y ait des anges, ou des créatures inférieures, qui aient donné naissance au monde.

L'essentiel du mythe gnostique consiste à exposer comment, pour échapper au monde de la matière créée, l'âme prisonnière trouvera le salut dans une *remontée* reproduisant *la descente* effectuée par le Sauveur venu la délivrer. Au terme de cette remontée, l'âme, détachée de la matière, sera à ce point unie à l'esprit que le gnostique réintégrera le monde céleste (le plérôme, la « plénitude ») sous la forme d'un esprit totalement purifié.

À travers ces récits mythiques, on lit comme en filigrane les deux caractéristiques de la réflexion des gnostiques. La première, c'est l'obsession du problème du mal : le monde est mauvais et l'homme malheureux. Il doit apprendre à connaître d'où il vient et comment il peut aller vers une autre destinée. La seconde, c'est la très haute idée de la transcendance divine, poussée à son paroxysme. Dieu est tellement loin, tellement haut qu'entre ces lieux où il demeure et le monde des hommes, il faut postuler l'existence de mondes et d'êtres intermédiaires (émanations ou éons) qui témoignent de la dégradation du monde présent. En conséquence de ce système, il y a une catégorie d'êtres humains qui auront accès à cette connaissance des choses (la gnose) qui s'opposera à l'autre forme de connaissance que professe la révélation chrétienne.

LA GNOSE ET LES APOCRYPHES CHRÉTIENS

Revenons à Pierre, qui s'oppose à Simon dans le livre des Actes. Une abondante littérature apocryphe nous raconte les combats que se livrent Simon et Pierre, tant en Orient qu'à Rome. Ils se suivent l'un l'autre et tous les *Actes de Pierre* sont construits comme une incessante confrontation entre les deux hommes. Or, dans les *Actes de Pierre*, ce qui fait la puissance de Pierre, et la (mauvaise) puissance de Simon, c'est le pouvoir miraculeux de chacun. Cependant, ils s'affrontent aussi par des discours devant la population. Un autre apocryphe, le *Roman pseudo-clémentin*, tourne entièrement autour de l'affrontement entre Pierre et Simon. Nous y trouvons de longs exposés théoriques sur l'enseignement du Christ, la nature de Dieu et un certain nombre d'éléments qui permettent de penser que, derrière l'opposition entre Pierre et Simon, on a voulu rendre compte, au IIe siècle et au début du IIIe, de l'affrontement réel entre d'une part les communautés chrétiennes et d'autre part celles qui étaient déjà marquées par des tendances gnostiques. Valentin, par exemple, en 160, a rompu avec (ou a été exclu de) la communauté chrétienne de Rome, alors qu'il était en passe d'en devenir l'évêque.

SEXUALITÉ ET ANDROGYNIE

Jean-Daniel Dubois a cité la fin de l'*Évangile de Thomas* :

> Simon Pierre leur dit : « Que Marie sorte du milieu de nous car les femmes ne sont pas dignes de la vie. » Jésus dit : « Voici que je la guiderai pour la faire mâle, pour qu'elle devienne elle aussi un esprit vivant semblable à vous, mâles, car toute femme qui se fera mâle entrera dans le Royaume des cieux. »

Cette parole (qui serait aujourd'hui qualifiée de « machiste ») nous renvoie, en fait, à ce qui est à l'origine de la déchéance humaine, aux yeux des gnostiques : non pas la création d'Adam à partir de la matière, mais bien la séparation entre sexes masculin et féminin, qui entraîne à la fois, et selon le récit de la Genèse, l'ignorance – puisque Adam et Ève n'ont plus droit à « l'arbre de la connaissance » (perte de la gnose originelle) – et la mort – puisque l'humanité voit sa vie désormais limitée. Dès lors, tout ce qui exprime la possibilité de l'androgynie, de la non-distinction entre masculin et féminin, est, pour les gnostiques, un pas vers le retour à l'unité première, qui permettra à l'âme d'être sauvée.

Si le christianisme n'a jamais remis en cause la différenciation sexuelle instituée par le récit de la Genèse, il n'en a pas moins prôné un idéal de « renoncement à la chair » qui a pris des formes extrêmes. Ainsi, dans certains *Actes apocryphes,* on voit les apôtres persécutés et finalement conduits au martyre, non pas pour avoir annoncé le Christ, mais pour avoir, par leur enseignement, séparé les femmes de leurs maris, notamment les femmes des notables et des représentants de l'autorité. La condamnation du désir dans la prédication apostolique aurait arraché les épouses au lit conjugal et en aurait fait des personnes pour qui le sexe n'a plus d'importance. Pierre, Philippe, André meurent donc martyrs pour avoir bouleversé la société en séparant les épouses de leurs maris. Si l'on doit bien marquer la différence entre l'abstention de toute relation sexuelle (tendance d'un certain christianisme) et le désir de dépasser la distinction sexuelle (tendance du gnosticisme), il demeure que dans les deux cas on affiche une même méfiance, voire un même mépris de la « chair » et que, dans les deux cas, la sexualité est l'arme par laquelle le mal parvient à séduire l'homme.

Enfin, il faut sans doute rappeler que le Sauveur des gnostiques, même lorsqu'il est présenté par eux comme étant Jésus, n'a plus aucun rapport avec le Christ des évangiles.

C'est un Christ complètement désincarné qui vient sauver le gnostique et le faire remonter jusqu'à son lieu premier, où justement, ayant rompu avec la séparation homme-femme, redevenu androgyne, il retrouve la lumière première demeurée en lui après une malheureuse création. Pour les gnostiques, ce Jésus ne pouvait plus être un homme. Irénée nous dit que certains d'entre eux affirmaient qu'il n'était pas possible que Jésus soit mort sur la croix : c'est Simon de Cyrène qui, ayant porté la croix, serait mort sur elle, après que Jésus l'aurait métamorphosé. Le Sauveur gnostique ne pouvait pas avoir vécu et être mort « dans la chair » !

DÉBATS

ALAIN HOUZIAUX : Quelques questions : certains demandent des précisions sur les dates les plus importantes des débuts du christianisme. À mon avis, les voici. Jésus est né sans doute en – 4 de notre ère, et il est mort, suivant la tradition, trente-trois ans après, c'est-à-dire dans les années 30. Les premiers écrits du Nouveau Testament, ce ne sont pas les évangiles mais les épîtres de Paul, qui datent de 45 à 50 après Jésus Christ. Le premier évangile écrit est l'évangile de Marc, dans les années 60 à 70, puis l'évangile de Matthieu et l'évangile de Luc, écrits dix ans plus tard, enfin l'évangile de Jean, écrit en 90.

Il est très probable que les évangiles de Matthieu et de Luc ont pris leur source dans l'évangile de Marc, antérieur de dix ans, mais également dans un recueil de paroles de Jésus, écrit vers 50, qu'on appelle aussi la source Q. Ce texte a disparu, nous n'en avons aucune trace, mais, d'après les travaux des spécialistes, il est probable que Matthieu et Luc se référaient à ce recueil de paroles de Jésus qui datait de vingt ans au moins après la mort de celui-ci. On ne peut donc pas dire que ce recueil était fait de paroles authentiques de Jésus, mais de paroles qui remontaient à une tradition très ancienne.

Et maintenant, une question plus particulière : *Quels sont les rapports de l'évangile de Jean avec les textes hérétiques gnostiques ?*

PIERRE GEOLTRAIN : Ce que proposent les textes gnostiques, c'est d'en donner toujours plus à connaître. Le Prologue de l'évangile de Jean, lui, ne faisait pas remonter ses réflexions au-delà de ce qu'il appelle « le commencement », alors que les gnostiques allaient au-delà. Le quatrième évangile ne pose pas la question : si au début était la Parole, qu'y avait-il *avant* la Parole ? Il y a très probablement dans la théologie johannique une certaine forme de gnose chrétienne – avec la représentation du Christ comme un personnage céleste, qui vient parmi les hommes et va véritablement vivre et mourir « dans la chair » – mais qui n'est pas élaborée à la manière des systèmes gnostiques. Certains se sont demandé si l'on ne trouvait pas déjà dans le judaïsme des éléments de gnose, un pré-gnosticisme avant le christianisme. Personnellement, je répondrais positivement à la question.

ALAIN HOUZIAUX : *Les évangiles apocryphes ont-ils eu une influence sur l'évangélisation dans le christianisme naissant ?*

PIERRE GEOLTRAIN : Jusqu'à la fin du IIe siècle, toute la production littéraire chrétienne (y compris les apocryphes) a circulé dans le monde chrétien, de manière inégale cependant selon les régions du monde méditerranéen. Il est vraisemblable qu'ici ou là des évangiles apocryphes ou des recueils de paroles de Jésus aient pu servir à ce que vous nommez l'« évangélisation » ; plus vraisemblable encore qu'on les ait utilisés pour l'instruction des fidèles et dans la prédication.

JEAN-DANIEL DUBOIS : Je suis persuadé que les chrétiens qui étaient proches des cercles philosophiques platonisants et stoïciens, en plein milieu du IIe siècle, ont cherché à attirer cette clientèle vers le christianisme et ont pour cela utilisé la gnose chrétienne pour des motifs d'évangélisation.

ALAIN HOUZIAUX : *À quel moment s'est constitué le « canon »* *des écritures du Nouveau Testament ?*

Pierre GEOLTRAIN : C'est au concile de Trente[1] que le canon a pris forme officiellement, comme une décision de l'autorité ecclésiastique. En fait, depuis Augustin, au début du IVe siècle, le « canon » tel que nous le connaissons a fonctionné dans les Églises comme collection des textes régulateurs de la foi. À la fin du IIe siècle, Irénée connaît les quatre évangiles et une collection des épîtres de Paul. Mais, lorsque Irénée dit « l'Écriture », il parle toujours de l'Écriture juive, ce que nous appelons l'Ancien Testament. On ne peut pas encore parler de « canon » au sens ultérieur du terme. Pour Irénée toujours, le « canon » est la règle de foi, non le recueil des textes. C'est petit à petit que l'usage s'est imposé et que les conciles ont peu à peu entériné les pratiques.

JEAN-DANIEL DUBOIS : L'ensemble « lettres apostoliques et évangiles » était déjà connu à la fin du IIe siècle. La liste complète des textes que nous appelons, nous, aujourd'hui « canon » a évolué et s'est à peu près stabilisée, au milieu du IVe siècle.

ALAIN HOUZIAUX : Des questions sur le gnosticisme de manière générale : *Peut-on établir des liens, voire une conti-*

---

1. XVIe siècle.

nuité entre les écrits de Platon, ceux de Plotin, la gnose et le catharisme ? Quel est le rôle de la connaissance dans la gnose ?

JEAN-DANIEL DUBOIS : Il faut être très modeste dans notre lecture des gnostiques chrétiens, et de quelques gnostiques que je ne situe pas dans l'orbite du christianisme, principalement entre le IIe et le IVe siècle. Donc, établir des liens de continuité à travers les siècles, « de Valentin aux cathares » par exemple, me paraît très fragile. Nous avons parlé, sous le nom de gnose, d'un phénomène historique précis, le gnosticisme, un mouvement de pensée se réclamant d'une nouvelle « connaissance », qui s'est développé dans l'Empire aux IIe et IIIe siècles. Il faut le distinguer de la gnose, tendance universelle à centrer la pensée, religieuse en particulier, sur la notion de connaissance. Il est donc logique que toute réflexion « gnostique » entretienne des rapports avec la philosophie de son époque.

Pour répondre plus directement à la question posée, il faut ajouter que le gnosticisme a bénéficié :

– au IIe siècle, de l'influence de penseurs platoniciens comme Alkinoos (impossibilité de définir le Dieu inconnu autrement qu'en disant ce qu'il n'est pas) ;

– au IIIe siècle, des idées novatrices – et peut-être plus encore de la terminologie – du néo-platonisme de Plotin, bien que la connaissance soit pour ce philosophe le résultat d'une recherche intellectuelle tandis que pour le gnostique elle est donnée par révélation divine. De fait, le gnosticisme n'est pas simplement un pan de l'histoire des hérésies chrétiennes, c'est aussi un paragraphe de l'histoire de la philosophie antique. À l'heure actuelle, on est en train de découvrir l'importance de la contribution philosophique à la gnose.

ALAIN HOUZIAUX : *L'accès à la gnose était-il plutôt le fruit d'une recherche personnelle, ou au contraire d'une grâce, ou un phénomène initiatique ?*

PIERRE GEOLTRAIN : Les communautés gnostiques délivrent à leurs nouveaux adeptes un certain savoir dont il ne faut sans doute pas exagérer l'importance. Les mythes gnostiques, comme dans les religions à mystères de l'Antiquité, paraissent extrêmement compliqués, mais en fait ils sont une sorte de représentation de ce qu'est et doit être la vie de la communauté. Nous parlions tout à l'heure du rapport homme-femme ; le mythe de l'androgynie originelle se traduit dans les communautés gnostiques par la place de choix faite à la femme, contrairement à ce qu'on pense en général. Il y a bien une initiation, car l'entrée dans la communauté ne peut pas être simplement une démarche personnelle, mais il ne faut pas, à la suite des Pères de l'Église, caricaturer l'aspect fantastique de l'initiation et des mythes qu'on pouvait raconter pour expliquer la remontée, jusqu'auprès de la Divinité, de l'âme sauvée.

ALAIN HOUZIAUX : *Marcion devrait-il être réhabilité ?*

PIERRE GEOLTRAIN : Je ne réhabiliterais pas Marcion, comme l'a fait Harnack et comme sont prêts à le faire certains aujourd'hui. Marcion n'est pas un gnostique, mais il a posé la même question que les gnostiques : si Dieu est bon, comment expliquer que sa création soit mauvaise ? Il a supposé un second Dieu créateur, le premier étant le Dieu bon, le Dieu de Jésus Christ. Vers 130-150, le phénomène marcionite a lourdement pesé sur l'histoire du christianisme ancien. Harnack, théologien allemand, a fait de Marcion le plus grand théologien après Paul en démontrant qu'il avait

poussé la logique du paulinisme jusqu'à ses dernières conséquences : assimilation du Dieu des juifs au mauvais Dieu
créateur et rupture totale avec le judaïsme (on ne lisait plus
l'Ancien Testament chez les marcionites et l'on épurait le
Nouveau Testament en ne gardant que l'évangile de Luc et
les épîtres de Paul). On voit à quel point cette célébration
excessive de Marcion pouvait comporter des risques...

Jean-Daniel Dubois : Dans l'histoire de la recherche sur
les gnostiques, Marcion a toujours été une figure problémat-
tique. Certains en ont fait un horrible gnostique, d'autres
l'ont complètement détaché de la gnose. Je crois aujourd'hui
qu'on peut avoir un raisonnement plus sain et indépendant
des querelles du XIXe siècle : Marcion n'est pas un gnostique.
Il ne faut pas mettre son système sur le même plan que les
gnostiques que nous avons évoqués. C'est une des grandes
figures théologiques chrétiennes du IIe siècle, mais ce n'est
pas un gnostique.

Alain Houziaux : *Que penser du proto-évangile de Jacques ?*

Jean-Daniel Dubois : C'est un très beau texte qui a
engendré beaucoup d'illustrations dans nos cathédrales au
Moyen Âge. On situe traditionnellement sa rédaction en
plein milieu du IIe siècle, parce que c'est un texte qui rapporte des récits sur l'enfance de Jésus, et qui vante de façon
suprême la virginité de Marie. Sur ce qui s'est passé à
Bethléem, les évangiles canoniques sont assez discrets, même
si Matthieu et Luc ont rajouté deux chapitres au début de
leur évangile. Le nom « proto-évangile de Jacques » remonte
à la Renaissance ; le texte antique se nommait *Nativité de
Marie*. On voit bien que les débats qui ont alors lieu autour
de la nativité et de Jacques, de Siméon, de Marie, représen-

tent une vision de la naissance de Jésus qui est presque en train de devenir orthodoxe, alors qu'à l'inverse, dans le milieu gnostique, on est en train de dire des choses simples, comme au temps de l'évangile de Matthieu : Jésus est fils de Marie et de Joseph.

ALAIN HOUZIAUX : Je voudrais conclure en posant une question : comment peut-on expliquer l'attrait que le gnosticisme exerce aujourd'hui sur beaucoup ? Je pense à l'intérêt que suscitent non seulement le gnosticisme des origines, et en particulier celui de l'*Évangile de Thomas,* mais aussi l'aventure des cathares et des bogomiles, et encore les œuvres de ces gnostiques du XXe siècle que sont Antonin Artaud, Roger Gilbert-Leconte, René Daumal, Henri Michaux, Simone Weil, Cioran... et le courant ésotérique d'aujourd'hui qui est aussi souvent une forme de gnosticisme.

À mon avis, cet attrait s'explique par la raison suivante : le gnosticisme d'hier et d'aujourd'hui rend compte non pas d'une doctrine théologique et dogmatique, mais d'un fait d'expérience accessible à tous : le sentiment de se sentir étranger dans ce monde, le sentiment, ancré au plus profond de soi, d'avoir été « jeté bas », « mis bas » dans ce monde que nous ressentons comme une prison perverse et maléfique, comme un carnaval grotesque, comme un tissu de souffrance et d'absurdité. « Je suis au monde mais je ne suis pas du monde. »

Dans cette manière de voir, l'important, c'est de tenter de se délivrer de ce monde, de son baume et de son venin, pour tenter de retrouver l'extase du pays divin d'où l'on vient car, avant de naître dans ce monde au ciel courbe, au voile gris, à la tourbe infecte, nous étions de l'Ailleurs au ciel clair. Et Dieu dans tout cela ? Dieu ne peut intervenir en ce monde. Il est ailleurs. Il est cet « Ailleurs » infiniment fluide et frais loin duquel nous avons été exilés. Il est cette innocence première dont nous restons hantés, habités, obsédés, possédés. Mais il est aussi celui qui nous dévore de l'intérieur[2].

Il me semble que cette pensée « gnostique » se confond avec le sentiment religieux le plus existentiel, le plus primitif. Mais, dans ce cas, on peut se poser une question : pourquoi donc le christianisme naissant s'en est-il pris si violemment au gnosticisme chrétien ? Tout simplement, à mon avis, parce qu'il est son frère quasi jumeau. En effet, celui que l'on excommunie, c'est toujours le demi-frère, le quasi-jumeau, bien plus que celui qui est le radicalement autre. Ce qui selon moi confirme cette proximité du gnosticisme et du christianisme biblique, ce sont des versets bibliques tels que : « Nous sommes étrangers et voyageurs en ce monde », « le fils de l'homme n'a pas de lieu où reposer sa tête »...

Cependant, il est vrai que la doctrine du christianisme veut s'opposer radicalement au gnosticisme : elle veut absolument que ce monde soit bon, que Dieu se soit incarné dans ce monde, que Dieu ait fait sa crèche dans ce monde. Mais, en fait, ce message infiniment répété n'arrive pas toujours à convaincre et la pensée gnostique continue à exercer sa fascination. Tout simplement parce que, dans notre monde, la présence du Mal est bien plus évidente que celle de Dieu.

---

2. Antonin Artaud.

Conclusion

PEUT-ON ENCORE DIRE :
JÉSUS CHRIST EST LE FILS DE DIEU ?

Alain Houziaux

OUI, JÉSUS EST-IL, QUAND MÊME, LE FILS DE Dieu ?

Le lecteur, à la suite des exposés qui précèdent, a le droit d'être un peu déboussolé. Jésus apparaît comme un simple homme et non comme le « Fils de Dieu », « Dieu fait chair ». Le catéchisme de notre enfance nous a plus ou moins appris à identifier Jésus avec Dieu[1]. Mais est-ce encore possible après avoir lu les textes qui précèdent ?

En effet, on a montré que la pensée de Jésus était tributaire de son temps et qu'il avait été un disciple de Jean Baptiste. Si Jésus a été ainsi le disciple d'un maître tout à fait

---

1. À partir de cette identification de l'homme Jésus avec Dieu, on en vient à désigner Marie, la mère de Jésus, du titre de « Mère de Dieu » (puisqu'elle est mère de Jésus), et on ajoute que le peuple juif (qui est réputé l'auteur du meurtre de Jésus) est « déicide » c'est-à-dire « tueur de Dieu » (puisque les juifs ont tué Jésus, ce qui d'ailleurs reste à démontrer, ils ont donc tué Dieu).

Ainsi, semble-t-il, si l'on en croit ces amalgames faciles, « Dieu » a une mère qui le met au monde ! Et « Dieu » meurt sur une croix ! Cela laisse quand même perplexe.

humain, comment peut-il être en même temps la « Parole de Dieu incarnée » ? On a montré aussi qu'il fallait différencier le Jésus de l'histoire du Jésus Christ tel qu'il a été confessé par les premiers chrétiens. On a vu combien il est difficile de cerner comment Jésus s'est compris lui-même. Sa vie et son enseignement nous échappent. On a vu comment, très vite, des courants de pensée fort différents se sont disputé son message et son œuvre.

Du fait de toutes ces constatations, une question ne peut manquer de surgir : Jésus Christ est-il oui ou non le Fils de Dieu ? Est-il vraiment « Dieu fait homme » ? Est-ce que cette confession de foi peut résister à l'examen de l'histoire ? Telle est la question que nous ne pouvons pas ne pas nous poser.

De fait, avouons-le, nous n'arrivons pas à concilier l'idée de Dieu, symbole de transcendance, d'absolu, de perfection, d'Éternité, et de plus Créateur du monde avec, par ailleurs, l'homme Jésus de Nazareth, suant et souffrant sur les chemins de Palestine. C'est quand même bizarre. Et même si Jésus est né du Saint-Esprit, même s'il ressuscite le jour de Pâques, il n'en reste pas moins que Jésus de Nazareth, lorsqu'il prêche et marche sur les chemins de Palestine, ne correspond pas à l'image que l'on se fait de Dieu.

Il faut bien avouer aussi que certains textes bibliques nous laissent pantois lorsqu'ils assimilent et identifient Jésus, l'homme qui vécut trente-trois ans aux alentours du début de notre ère, avec le Créateur du ciel et de la terre. Paul ne dit-il pas que l'homme Jésus, « celui qui est mort sur la croix[2] », est « Celui en qui tout a été créé dans les cieux et sur la terre[3] » ? Et il ajoute : « Tout a été créé par lui et pour

---

2. Colossiens 1, 15-20.
3. Colossiens 1, 16.

lui, [...] et tout subsiste en lui. » Dans de tels textes, Jésus Christ n'a plus aucune caractéristique humaine, il paraît identifié à Dieu lui-même, le créateur de toutes choses et le maître du gouvernement du monde.

Cette identification de Dieu avec l'homme Jésus nous trouble, reconnaissons-le. Si Dieu est un homme, Dieu n'est plus Dieu, il n'est plus l'Énigme suprême, l'Éternel, l'Absolu, le Créateur qui préexiste au monde de toute éternité. Et si, *a contrario,* Jésus est Dieu lui-même, il n'est plus vraiment un homme qui naît, qui souffre et qui meurt comme vous et moi.

Bien sûr, le Symbole des Apôtres, qui date du IIIe ou IVe siècle, semble préciser que Jésus est non pas Dieu, mais « Fils de Dieu ». Le Credo énonce « Je crois en Dieu, le Père tout-puissant [...], je crois en Jésus Christ, son fils unique... » Ainsi ce credo ne dit pas que « Jésus est Dieu », mais qu'il est « fils de Dieu ». Ce n'est pas la même chose et cela passe pour plus acceptable. En effet dire que Jésus est « fils de Dieu », cela paraît plus compréhensible que de dire qu'il est « Dieu » tout simplement. Mais le dogme de la Très Sainte Trinité vient de nouveau tout compliquer, puisqu'il énonce que « Dieu », c'est le Père, le Fils et le Saint-Esprit. Et puisque « le Fils », c'est Jésus, on est ramené à la case départ : Jésus, c'est Dieu, ou, à tout le moins, l'une des trois personnes de la Trinité.

Bien sûr, je sais très bien ce que l'on va me rétorquer : la spécificité du christianisme par rapport au judaïsme et à l'islam, c'est l'idée de l'incarnation de Dieu dans le monde, dans l'histoire, dans l'homme, et en particulier dans Jésus Christ. Dieu se serait incarné à Noël en Jésus de Nazareth, le Christ. Et il semble que, si l'on remet en cause cette idée d'incarnation de Dieu, on renonce au christianisme dans son ensemble. Mais, même si l'on admet que Dieu se soit incarné en l'homme Jésus de Nazareth il y a deux mille ans, on peut quand même poser cette question à Dieu : « Pourquoi es-tu venu si tard pour repartir si tôt ? »

Pevenons à ce que disent les textes bibliques. L'évangile de Jean, dans son prologue, énonce le cœur de la foi chrétienne : « La Parole s'est faite chair. » Expression que, par un glissement de sens, on comprend à tort comme : « Dieu s'est fait homme » et plus précisément : « Dieu s'est fait homme en Jésus Christ. » Mais les expressions ne sont pas équivalentes ! Pourquoi Jean dit-il que Dieu s'est fait « chair », avec ce que ce mot évoque d'ambigu (la « chair » évoque la faiblesse), et non pas qu'il se serait fait homme, avec ce que cela suppose de positif ?

Pour essayer de mettre un peu d'ordre et si possible un peu de clarté dans tout cela, nous allons procéder en trois temps.

Nous allons d'abord montrer que, dans les évangiles synoptiques (Matthieu, Marc, Luc), le fait de désigner Jésus comme « le fils de Dieu » ne signifie ni de près ni de loin que Jésus est Dieu, ni le Fils unique de Dieu au sens du Symbole des Apôtres, et encore moins qu'il est le « Fils » en tant que cette expression désigne la « deuxième personne de la Trinité ». Rappelons-le : les évangiles synoptiques ont été écrits aux alentours de 70 après Jésus Christ. Le Symbole des Apôtres et la théologie de la Trinité (Dieu le Père, le Fils et le Saint-Esprit) sont bien plus tardifs.

Nous allons ensuite montrer ce que veut dire l'évangile de Jean quand il dit : « La Parole s'est faite chair », ou mieux, « Le Logos s'est fait chair » en Jésus Christ. Nous verrons que cette expression ne signifie nullement que « Dieu s'est fait homme », mais signifie plutôt que l'existence historique de Jésus est la manifestation du Logos. Et nous verrons ce qu'est ce Logos.

162

Nous montrerons enfin en quel sens l'on peut effectivement considérer l'histoire de Jésus comme la manifestation
visible de la « deuxième personne de la Trinité », c'est-à-dire
de « Dieu le Fils » ou de « Dieu en tant que Logos ».

Annonçons clairement la couleur de notre propos. Nous
ne souhaitons en aucune manière nous débarrasser de la
confession de foi orthodoxe et traditionnelle qui énonce :
« Jésus Christ est le Fils de Dieu. » Bien au contraire nous
voulons justifier cette expression et montrer son sens véritable.

JÉSUS, LE FILS DE DIEU, DANS LES ÉVANGILES SYNOPTIQUES

Quand les évangiles synoptiques disent que Jésus est « le
fils de Dieu », qu'est-ce que cela veut dire ? Cela ne signifie
en rien qu'il est Fils de Dieu (avec une majuscule) ou Dieu
incarné (au sens où on l'entend généralement) et encore
moins qu'il est la « deuxième personne de la Trinité ». Dans
ce cas, que signifie l'expression « fils de Dieu » ?

Pour comprendre le sens de cette expression, il faut se
reporter à sa signification dans le contexte de l'époque. Dans
les religions orientales, l'expression « fils de Dieu » désigne les
rois, que l'on considère souvent comme ayant été engendrés
par les dieux (en Égypte, les pharaons passaient pour les fils
du dieu solaire Rê). À l'époque de la rédaction du Nouveau
Testament, l'expression « fils de Dieu » était usuelle pour
désigner les monarques et aussi ceux qui prétendaient détenir
des forces surnaturelles, c'est-à-dire les thaumaturges et les
faiseurs de miracles. C'est en ce sens que Satan, lorsqu'il
incite Jésus à faire des miracles, l'interpelle en l'appelant « fils
de Dieu » (Matthieu 4, 3 et 6 ; *cf.* Luc 4, 3 et 9). De même,
lorsque Jésus marche sur la mer, il est désigné comme « fils

de Dieu » (Matthieu 14, 33). Remarquons que c'est souvent le Diable ou les démons (Marc 3, 11 ; 5, 7) qui désignent Jésus comme « fils de Dieu » parce qu'ils le considèrent comme un exorciste et un thaumaturge. Et Jésus n'aime pas cela.

Mais il y a une autre manière d'approcher l'expression « fils de Dieu » dans les évangiles synoptiques. En hébreu, « fils » et « serviteur[4] » sont très proches. Ainsi, dans le judaïsme ancien, Dieu désigne le peuple d'Israël comme son « fils[5] » pour indiquer qu'il a élu ce peuple pour le mettre à son service. Le roi d'Israël, représentant le peuple, est aussi appelé « fils de Dieu » dans la même optique. De même, Jésus a pu également être appelé « fils de Dieu » dans ce même sens, c'est-à-dire pour caractériser son devoir d'obéissance et sa mission de Serviteur.

Jésus a clairement refusé le titre de « fils de Dieu » lorsque celui-ci le désignait comme un faiseur de miracles[6]. En revanche, il est possible qu'il ait accepté ce titre lorsque celui-ci était le corollaire de sa vocation à l'obéissance et au martyre. Dans ce deuxième sens, que veut dire « fils de Dieu » ?

La désignation de Jésus comme « fils de Dieu » est le corollaire de sa vocation à accomplir la figure du « Serviteur souffrant » présenté dans le livre d'Ésaïe[7]. Jésus a considéré

---

4. En hébreu, le même mot *naar* signifie fils et serviteur. De même, dans le grec des Septante, le même mot *païs* peut désigner le fils et le serviteur. Un peu comme en français le mot « garçon » désigne à la fois le fils lorsqu'on dit « mon garçon » et le serviteur lorsqu'on parle du « garçon de café ».

5. Exode 4, 22 ; Osée 11, 1 ; Ésaïe 1, 2 et 30, 1.

6. Ainsi, lors de la tentation au désert, Jésus refuse la proposition que lui fait Satan d'accomplir des miracles en l'interpellant en tant que « fils de Dieu », c'est-à-dire thaumaturge. Il refuse d'être un faiseur de miracles, ce qui aurait pu lui éviter le supplice de la croix (*cf.* Luc 23, 37).

7. Ésaïe 42, 1-4 ; 49,1-7 ; 50, 4-11 et 52, 13-53.

qu'il avait vocation à être le Serviteur souffrant qui, « semblable à un agneau que l'on mène à la boucherie[8] », porte les souffrances des hommes et est brisé à leur place. Dieu considère ce Serviteur comme son « fils bien-aimé[9] ». Ainsi, lorsque Jésus, lors de son baptême, est investi de la mission d'être le Serviteur souffrant, il est appelé par Dieu « mon fils bien-aimé[10] » en signe d'affection, de confiance et d'intimité sur le chemin de l'obéissance qui doit le conduire au calvaire. Cette appellation de « fils bien-aimé » lui sera redite, sur la montagne de la Transfiguration, au moment où sa vocation au martyre lui sera réitérée[11]. De même, dans la parabole des vignerons révoltés[12], lorsque Jésus est considéré comme « fils de Dieu », c'est pour qualifier sa vocation au martyre.

Ainsi, le titre de « fils de Dieu », lorsqu'il est appliqué à Jésus dans les évangiles synoptiques, ne désigne en rien sa divinité. Il n'est en rien associé à sa résurrection (qui pourrait être considérée, à tort, comme une forme de divinisation). Bien au contraire, le titre de « fils de Dieu » désigne Jésus comme Serviteur, martyr et crucifié, et caractérise l'affection que Dieu lui témoigne sur ce chemin. Ainsi, que l'on ne s'y

---

8. Ésaïe 53, 7
9. Ésaïe. 42, 1.
10. *Cf.* Marc 1, 11.
11. À ce moment-là, Jésus hésite devant le martyre qui incombe au Serviteur souffrant. La tentation de monter vers Jérusalem pour délivrer son peuple du joug romain se fait forte. Ses disciples font pression dans ce sens. En particulier Pierre, Jacques et Jean à qui il veut faire comprendre sa véritable mission. C'est pourquoi Jésus, pour résister lui-même à la tentation de devenir un messie politique, s'éloigne accompagné de Pierre, Jacques et Jean. Sur la montagne de la Transfiguration, il reçoit la confirmation qu'il est et doit être le « fils de Dieu », c'est-à-dire le Serviteur souffrant. Et Moïse et Élie, qui sont deux préfigurations de cette figure du Serviteur souffrant, sont là auprès de lui pour être les témoins de cette réitération de sa vocation.
12. Marc 12, 7.

trompe pas, s'il y a, dans les évangiles synoptiques, un titre qui pourrait aller dans le sens d'une conception un peu divine de Jésus, ce n'est pas le titre de « fils de Dieu », ce serait plutôt le titre de « Fils de l'homme[13] » !

Cependant, notons-le, il y a dans les évangiles un titre qui a été attribué à Jésus et qui peut être considéré comme une anticipation de son titre de « fils de Dieu » au sens de la théologie trinitaire (qui, au IVe siècle, fera de Jésus la manifestation de la deuxième personne de la Trinité). Ce titre, c'est, non pas celui de « fils de Dieu », mais celui de « Logos ». Et ce titre a été attribué à Jésus par l'évangile de Jean. Voyons pourquoi.

LE LOGOS DANS L'ÉVANGILE DE JEAN

L'évangile de Jean a été écrit en 90, après les évangiles synoptiques, et dans un tout autre contexte idéologique. Il commence ainsi : « Au commencement était le Logos et le Logos était auprès de Dieu [...]. Tout fut par lui et rien de ce qui fut ne fut sans lui[14]. » Et au verset 14, il est indiqué que ce Logos « est devenu chair », et on peut supposer que, bien que cela ne soit pas dit explicitement, Jésus Christ est la manifestation charnelle de ce Logos. Il est le « Logos fait chair ».

---

13. À l'époque de Jésus, l'expression « Fils de l'homme » désigne le Messie, celui qui doit, à la fin des temps, descendre sur les nuées pour juger les pécheurs et sauver les justes. Il doit inaugurer le Royaume de Dieu. Jésus, en se désignant comme le Fils de l'homme, a voulu proclamer qu'il avait, sur la terre, un pouvoir qui, pour ses contemporains, ne pouvait être exercé que dans les cieux par un Juge céleste.

14. On retrouve ici une expression très proche de l'épître de Paul aux Colossiens : « En lui tout a été créé » (1, 16) qui a été précédemment citée.

Ainsi, si l'on veut vraiment trouver dans le Nouveau Testament un texte qui incite à considérer que Jésus Christ est « Fils de Dieu » (au sens où on l'entend habituellement) et qu'il est bien l'incarnation de la deuxième personne de la Trinité, c'est le Prologue de Jean. Mais encore faut-il savoir ce que signifie ce « Logos » dans l'évangile de Jean. Et pourquoi Jean ajoute : « le Logos s'est fait chair » en Jésus Christ.

Nous allons donc essayer de comprendre pourquoi et comment l'évangile de Jean peut dire que Jésus est la manifestation du Logos, l'épiphanie[15] du Logos. Pourquoi donc Jésus est-il présenté comme une manifestation visible (une épiphanie) du Logos ?

Mais ce qui importe d'abord, c'est de comprendre ce qu'est ce « Logos ». Qu'est-ce que l'évangile de Jean appelle « Logos » ? Nous préférons garder ce terme, plutôt que de le traduire par « Parole » ou « Verbe ». En effet, le terme de « Logos » évoque la notion de « logique » et aussi celle de « loi ». De plus, en maintenant le mot « Logos » dans sa forme grecque, nous voulons aussi rappeler que la notion de « Logos » dans l'évangile de Jean a quelque chose à voir avec le concept de « Logos » dans la philosophie grecque. Pour comprendre ce qu'est le Logos, il nous faut, ici encore, comprendre la signification de ce mot dans le contexte de l'époque.

Le concept de « Logos » dans le Prologue de Jean est l'héritier de trois concepts différents : celui de « Sagesse », celui de « Torah » (appartenant tous deux au judaïsme tardif[16]) et celui de « Logos » utilisé par la philosophie grecque.

---

15. De *epi*, en surface, et *phanein*, montrer.

16. C'est-à-dire utilisé dans le judaïsme des IIe et IIIe siècles avant Jésus Christ.

Procédons par ordre : le « Logos » de Jean 1 est d'abord une transposition, dans le vocabulaire grec de Jean, de ce qu'était la « Sagesse » dans le judaïsme à partir du IVe siècle avant Jésus Christ. Pour comprendre ce que signifie le Logos chez Jean, il faut donc comprendre ce qu'est la Sagesse. Qu'est-ce que cette Sagesse ?

Le judaïsme a créé ce concept de « Sagesse » pour préserver la transcendance absolue de Dieu et le fait que Dieu était tout autre que le monde, c'est-à-dire au-delà de tout. Ainsi, pour préserver le mystère absolu de Dieu lui-même, on ne voulait même pas dire de Dieu qu'il était le créateur et le gouverneur du monde, car dire cela, c'était déjà attenter à l'incompréhensibilité de ce qu'était Dieu dans son mystère absolu. C'est pourquoi le judaïsme tardif des derniers siècles avant notre ère a commencé à dire que c'était non pas Dieu lui-même, mais la Sagesse qui avait créé le monde et qui gouvernait le monde. La Sagesse, c'est donc non pas Dieu lui-même, mais Dieu en tant que créateur et gouverneur du monde[17].

Ainsi, pour le judaïsme tardif, la Sagesse est le maître d'œuvre et l'architecte de la création du monde[18]. Elle assure l'ordre, l'harmonie et la cohésion du monde. Elle est le capitaine, le moteur et le gouvernail de la progression de l'histoire du monde. Elle « s'étend avec force d'un bout du monde à l'autre, elle gouverne l'univers avec bonté[19] ». Elle

---

17. Ainsi la Sagesse est une transposition de ce que le récit de Genèse 1 appelle le *Dabar* (la parole-acte créatrice de Dieu). Pour Genèse 1, Dieu crée le monde non pas directement, mais par son *Dabar*. Ainsi, Logos peut être considéré comme une traduction possible de *Dabar* en hébreu. Puisque *Dabar* signifie à la fois « parole » et « acte », la traduction que Goethe fait du Prologue de Jean (« au commencement était l'action ») n'est pas si fausse que ça.

18. Proverbes 8, 30.

19. Livre de la Sagesse 8, 1.

reste présente au plus secret de la création. Elle constitue le visage caché de Dieu dans son œuvre. Elle est la loi et la logique selon lesquelles le monde a été projeté et créé et selon lesquelles il est gouverné et conduit.

Le concept de Logos, utilisé dans l'évangile de Jean (« Le Logos a été fait chair ») est donc une transposition de ce concept de Sagesse que nous venons de décrire.

Le Logos de Jean 1 est aussi une transposition de ce que le judaïsme tardif appelle la « Torah ». Dans le judaïsme tardif[20], la Sagesse est identifiée à la Torah, c'est-à-dire à la « Loi de Dieu ». La Loi, au sens où l'employait le judaïsme tardif, ce n'est ni la loi morale ni la loi rituelle, c'est la « loi » (la logique, le projet, la perspective) selon laquelle Dieu a créé le monde et conduit l'histoire du monde. Dieu crée le monde selon un principe directeur appelé Torah. Il le conduit et le gouverne selon ce principe, c'est-à-dire selon cette Loi. Ainsi, le sens du mot Torah, qui à l'origine désignait les commandements de Dieu, a évolué. La Torah à cette époque, c'est la loi, la logique qui dirige et conduit l'histoire du monde. Dès lors, c'est sur la Torah que vont se transférer progressivement tous les traits de la Sagesse. Dans des textes de cette époque, on lit : « Avant d'avoir créé le monde, Dieu avait créé la Torah[21] », c'est-à-dire le principe directeur selon lequel il allait créer le monde et le gouverner. Et l'on traduit Genèse 1, 1 non plus par : « En la Sagesse Dieu créa les cieux et la terre » mais par : « Dans la Torah, Dieu créa les cieux et la terre[22]. »

---

20. IIe siècle et Ier siècle avant Jésus Christ.
21. Targum du Pseudo-Jonathan.
22. Targum Neofiti.

Et, chez l'évangéliste Jean, les caractéristiques du Logos seront une transposition de celles qui caractériseront la Torah dans le sens du judaïsme tardif.

Le Logos de Jean 1 est enfin une réminiscence du Logos de la philosophie grecque. En fait, l'évangéliste Jean, puisqu'il écrit en grec, traduit « Sagesse » et « Torah » par « Logos » en utilisant le terme de la philosophie grecque. Dans la philosophie d'Héraclite, et plus tard dans le stoïcisme, le Logos est la loi suprême du monde qui régit l'univers. Le Logos est « au commencement ». Cette philosophie du Logos a profondément influencé le philosophe juif Philon d'Alexandrie, contemporain de l'évangéliste Jean, et aussi la pensée gnostique de la même époque. Et l'évangéliste Jean baignait dans cette culture et s'adressait lui-même, dans son évangile, à des hommes de cette culture. C'est pourquoi il utilise le terme de la philosophie grecque « Logos » pour désigner ce que le judaïsme tardif appelait « Torah ».

Ainsi le début de Jean s'éclaire.

> Au commencement était le Logos. Et le Logos était auprès de Dieu. Et le Logos était Dieu. Le Logos était au commencement avec Dieu. Tout a été fait par Lui et rien de ce qui a été fait n'a été fait sans Lui.

On peut paraphraser ce texte de la manière suivante : Au commencement était le Logos, c'est-à-dire le principe, la Loi, la Sagesse, la logique selon lesquels Dieu allait créer et gouverner le monde. Tout, dans le monde, a été créé selon ce Logos et rien de ce qui a été créé n'a été créé sans lui.

Ainsi, les concepts de « Sagesse », de « Logos » et de « Torah » sont extrêmement proches les uns des autres. Ces concepts désignent l'action divine en tant qu'elle crée, dirige, gouverne le cours de l'histoire. Ces concepts désignent ce que, plus tard, la théologie chrétienne appellera la deuxième personne de la Trinité[23]. On peut s'étonner de cette définition de la deuxième personne de la Trinité. On a l'habitude d'identifier celle-ci purement et simplement à Jésus Christ. Mais il faut savoir que la théologie chrétienne n'a jamais purement et simplement identifié la deuxième personne de la Trinité à Jésus Christ[24].

Mais, me direz-vous, tout cela n'explique pas pour autant pourquoi cette Sagesse, cette Torah ou ce Logos peut être fait « chair » en Jésus de Nazareth. Et c'est ce point que nous allons maintenant aborder. Pourquoi l'évangile de Jean écrit-il : « Le Logos a été fait chair » en Jésus Christ ?

LA TORAH ET LE CHRIST

Comment le Logos qui caractérise Dieu en tant que principe créateur et directeur du monde en est-il venu à désigner aussi Jésus Christ, l'homme qui a vécu et souffert sous Ponce Pilate ? Cette identification est un peu surprenante. Comment un principe métaphysique (le Logos) peut-il être

23. D'après la théologie traditionnelle, la première personne de la Trinité, c'est Dieu en tant qu'il est transcendant et extérieur au monde. La deuxième personne de la Trinité, c'est Dieu en tant qu'il est le Principe de la création et du gouvernement du monde. C'est Dieu en tant qu'il est un Logos incarné dans l'histoire du monde, dirigeant cette histoire et la faisant progresser vers son but ultime (un peu comme le moteur et le gouvernail d'un navire « incarnés » dans le navire le font progresser vers son but).

24. Citons l'*Encyclopaedia Universalis* à l'appui de cette dernière affirmation : « Le Logos est Parole de Dieu dès le commencement, deuxième hypostase de la Trinité, intelligence divine organisatrice du monde, incarnée en Jésus qui la manifeste dans le temps. La carrière de cette notion, surtout sous la forme latinisée de *Verbum,* jalonne toute la tradition patristique, la théologie médiévale [...] et certaines philosophies chrétiennes contemporaines » (Thesaurus, p. 2066).

identifié à un homme (Jésus) ? Mais cette identification bizarre n'est pas une innovation. En effet, peu avant, le judaïsme, de manière aussi surprenante, avait identifié la Torah, qui était elle aussi un principe métaphysique, à un livre, à savoir le Pentateuque, c'est-à-dire les cinq premiers livres de la Bible juive. Et, disons-le, il est aussi difficile d'assimiler le principe créateur et directeur du monde à un livre – si saint soit-il – qu'à un homme – si exceptionnel soit-il.

Ainsi, pour comprendre comment le Logos, en tant que principe métaphysique, en est venu à désigner Jésus, c'est-à-dire un homme, il faut d'abord voir pourquoi la Torah, en tant que principe métaphysique, en est venue à désigner le Pentateuque, c'est-à-dire un livre. Dans la pensée juive des IIe et du Ier siècle avant Jésus Christ, la Torah, nous l'avons vu, était devenue une sorte d'hypostase de Dieu, à savoir le principe de la création et du gouvernement du monde. Mais, parallèlement, les rabbins se sont mis aussi à appeler « Torah » les cinq premiers livres du corpus biblique, ce que nous appelons le Pentateuque[25]. Pourquoi ? Sans doute parce que, dans le Pentateuque, on peut lire quelles sont les caractéristiques de la Torah en tant que principe métaphysique.

En effet, le livre de la Genèse contient le récit de la création du monde. Il indique et présente le projet (la logique, le fil conducteur, la Torah) que Dieu suit lors des différentes étapes de cette création (les sept jours de la création du monde). De plus, le livre de l'Exode présente la geste libératrice de Dieu qui permet de découvrir le projet directeur (la Torah) de Dieu pour l'humanité. Et le livre du Lévitique présente les commandements de Dieu auxquels doit se sou-

---

25. Genèse, Exode, Lévitique, Nombres, Deutéronome.

mettre Israël pour accomplir ce projet de Dieu et rester fidèle à sa ligne directrice.

Ainsi le mot Torah en vient-il à désigner simultanément :

– la « Loi » métaphysique, c'est-à-dire la puissance de Dieu en tant qu'elle est à l'œuvre dans la création et le gouvernement du monde ;

– le Livre du Pentateuque en tant que révélation et la manifestation visible de la Torah métaphysique.

Cette « incarnation » de la Torah dans le Pentateuque semble tout à fait surprenante, puisque le Pentateuque est un livre écrit de main d'homme et est d'une nature très différente de celle de la Torah métaphysique. Mais elle est quand même compréhensible. En paraphrasant Jean 1,14, on peut écrire : La Torah a été faite texte.

L'évangéliste Jean va effectuer une superposition comparable. Jésus de Nazareth sera le lieu de la manifestation du Logos, tout comme le Pentateuque était le lieu de la manifestation de la Torah. De la même manière que la Torah métaphysique se donnait à lire et à voir dans le Pentateuque, de même le Logos se donnera à lire et à voir en Jésus. Comment expliquer cette transposition parallèle ?

Puisque la nouvelle Alliance (en Jésus Christ) accomplit l'ancienne Alliance (en Moïse), la personne de Jésus Christ est substituée à la loi de Moïse. Et la manifestation du Logos en et par Jésus Christ remplace donc la manifestation de la Torah métaphysique en et par le Pentateuque (appelé la « loi de Moïse »).

Du fait du passage de l'ancienne Alliance (en Moïse) à la nouvelle Alliance (en Jésus), les caractéristiques de la « loi de Moïse » (c'est-à-dire le livre du Pentateuque) sont transférées sur la personne de Jésus Christ. Et puisque la « loi de Moïse » (le Pentateuque) était la manifestation de la Torah, en tant que principe métaphysique, la personne de Jésus va devenir la manifestation du Logos en tant que principe métaphysique quasi identique à la Torah métaphysique.

Ainsi, de la même manière que, dans l'ancienne Alliance, la Torah était manifestée et « incarnée » dans le Pentateuque (point focal du judaïsme), de la même manière, dans la nouvelle Alliance, le Logos (en tant que transposition de la Sagesse et de la Torah) devait être manifesté et « incarné » en Jésus Christ (nouveau point focal de la foi chrétienne). Et, à son tour, après le mot « Torah », le mot « Logos » désigne donc deux notions différentes :

– d'une part, le Logos métaphysique qui est l'équivalent de la Torah métaphysique. Nous verrons que ce Logos est aussi appelé « Christ » ou « Fils », et ce aussi bien chez Paul que chez Jean[26] ;

– d'autre part, Jésus de Nazareth parce qu'il est celui en qui le Logos (que l'on peut également appeler le Christ ou le Fils) se donne à lire et prend corps dans une manifestation historique.

Jésus devient la manifestation « faite chair » du Logos tout comme le Pentateuque (la loi de Moïse) était la manifestation faite texte de la Torah métaphysique. Comme l'écrit Dominique Cerbelaud : « Jésus devient le Christ, c'est-à-dire le Logos, un peu comme la Torah matérielle, le Pentateuque, accède au rang de Torah métaphysique. Ainsi, précisément dans cette relecture, s'ébauche une christologie qui dépasse la

---

26. Dans ce cas, l'expression « Christ », ou l'expression « Fils », ne désigne en aucune manière l'homme Jésus, mais en fait le Logos lui-même. C'est en ce sens que Paul peut écrire (*cf.* Colossiens 1, 14-20) : « Le Fils [...] est l'image du Dieu invisible, le premier-né de toute la création, car en lui tout a été créé dans les cieux et sur la terre [...] il est avant toute chose et tout subsiste en lui... » C'est également en ce sens que Hébreux 3, 3 dit que le Fils est le resplendissement de la gloire de Dieu. Il est une forme d'hypostase de l'être de Dieu.

réalité empirique de l'homme Jésus pour poser un Christ préexistant et coopérateur de Dieu pour la création du monde[27]. »

Ainsi s'éclaire le sens de l'expression « le Logos fut chair ». Cela signifie que l'action du Logos s'est rendue visible et historique en l'histoire de Jésus Christ après s'être rendue visible en la loi de Moïse lisible dans le Pentateuque. « Si la loi fut donnée par Moïse, la grâce et la vérité sont venues par Jésus Christ[28]. »

De même que le Pentateuque est considéré comme la révélation, la manifestation, le dévoilement, l'apparition visible et lisible de ce qu'est la Torah métaphysique, de même Jésus, sa parole et son histoire sont considérés comme la révélation, la manifestation, le dévoilement, le phénomène, l'apparition visible et audible de ce qu'est le Logos, c'est-à-dire le Christ, en tant que principe métaphysique.

Comment peut-on comprendre que le Jésus historique soit la manifestation du Logos ? Les textes du Nouveau Testament sont peu explicites sur ce point. Nous pouvons cependant hasarder quelques explications :

• La « parole » de Jésus (c'est-à-dire son logos, sans majuscule) est considérée comme la révélation du Logos de Dieu. Le message de Jésus rend compte du projet de Dieu et du fil conducteur qu'il suit en dirigeant l'histoire.

• Dire que Jésus est la manifestation du Logos signifie que l'intégralité de la vie de Jésus est soumise à sa fonction de

---

27. D. CERBELAUD, *Écouter Israël*, Paris, Cerf, 1995, p. 41. Ce sont ces lignes de D. Cerbelaud qui nous ont fourni la substance de notre propos. Il faut cependant insister sur le fait que le parallélisme que nous dressons ici entre la corrélation Torah-Pentateuque et la corrélation Logos-Jésus reste une simple hypothèse.

28. Jean 1, 17.

révéler le Logos. Son « moi » est intégralement soumis à la présence agissante du Logos en lui.

• La vie du Jésus historique elle-même peut être considérée comme une épiphanie[29] de l'action du Logos. Les caractéristiques de la vie du Jésus historique, sa naissance, sa mort, sa résurrection, révèlent les manifestations de l'action du Logos dans l'intégralité de l'histoire du monde.

En effet, les évangiles décrivent la naissance, la vie, la mort et la résurrection de Jésus en faisant référence, de manière allusive, à des moments significatifs de l'histoire du monde dans son ensemble et de l'histoire d'Israël en particulier, cette dernière étant un microcosme révélateur de sens du macrocosme de l'histoire du monde dans son ensemble, depuis son commencement jusqu'à son terme.

Ainsi, l'existence du Jésus historique émerge d'une sorte de chaos et de tohu-bohu (*cf.* le massacre des innocents), tout comme l'histoire du monde émerge du tohu-bohu originel, et tout comme l'histoire d'Israël émerge du chaos de l'Égypte (*cf.* le massacre des enfants des Égyptiens). Les actes de puissance de Jésus (lorsqu'il marche sur les eaux et lorsqu'il calme la tempête) sont révélateurs des actes de puissance de la Sagesse – Torah – et du Logos de Dieu lorsqu'ils créent le monde et en dirigent l'histoire en faisant taire la puissance du tohu-bohu originel[30]. Ainsi, la marche de Jésus vers sa mort et vers sa résurrection est l'épiphanie et la

---

29. Une épiphanie est une manifestation en surface. Par exemple, des bulles qui éclatent à la surface de l'eau sont une épiphanie du travail souterrain et invisible du scaphandrier ; de même les taupinières à la surface du sol sont une épiphanie du travail souterrain et invisible de la taupe.

30. Dans l'histoire du peuple d'Israël, microcosme de l'histoire du monde, ce même thème est représenté par le récit de la sortie d'Égypte au cours de laquelle le peuple d'Israël marche sur les eaux de la mer Rouge et réduit au silence la puissance infernale de l'Égypte.

préfiguration du déroulement du cours de l'histoire du monde qui, sous l'emprise agissante du Logos, va à la fois vers sa mort et son abolition et vers une résurrection dans la gloire du Royaume.

Lorsqu'on lit l'histoire de Jésus, on découvre en effet les manifestations du travail du Logos non seulement dans l'histoire de Jésus lui-même mais aussi dans l'histoire d'Israël et dans l'histoire du monde depuis son commencement (lorsqu'elle émerge du tohu-bohu) jusqu'à son terme (lorsque à la fin elle sombre dans la mort et ressuscite dans la gloire). On voit donc que, dans la théologie du Nouveau Testament, Jésus n'est pas tant considéré comme l'incarnation de Dieu que comme l'épiphanie du Logos. Et cela se voit bien dans le fait qu'avant de célébrer Noël (fête de l'Incarnation), on célébrait l'Épiphanie (fête de la « manifestation » de Jésus).

JÉSUS, LE FILS UNIQUE DE DIEU

Il nous reste enfin à dire pourquoi Jésus n'est pas seulement appelé « le Logos fait chair » mais aussi le « Fils unique » de Dieu, spécialement dans l'évangile de Jean. Et pour cela il nous faut revenir à Philon d'Alexandrie, ce philosophe juif contemporain de Jean. En fait, l'expression « Fils unique de Dieu » est peut-être une forme de polémique à l'encontre des idées de Philon d'Alexandrie qui, lui, pensait que Dieu avait « deux fils ».

Philon, restant en ceci fidèle à Platon, considérait que l'acte créateur de Dieu (le Logos de Dieu) est non pas unique, mais double. Dieu est d'abord le créateur du monde intelligible (le monde des idées) et ensuite il est le créateur du monde sensible (notre monde), cette création s'effectuant

177

selon le modèle du monde intelligible précédemment créé[31]. Et pour rendre compte de ce double acte créateur de Dieu, Philon dit que Dieu a deux Logos qu'il appelle « fils » : le fils aîné comme créateur du monde intelligible et le fils cadet comme créateur du monde sensible[32].

C'est peut-être (il s'agit là d'une simple hypothèse) en réaction contre cette doctrine que Jean insiste sur le fait que l'acte créateur de Dieu est unique, que son Logos est unique, que le Logos est le « Fils unique » de Dieu. Ce point n'est pas un point de détail. Il marque une différence fondamentale entre la philosophie de Platon et la théologie du judéo-christianisme. Ce monde-ci, notre monde, n'est pas une sorte de sous-produit par rapport à un monde idéal et irréel. Ce monde-ci, le monde sensible, c'est le seul monde qui a été créé et voulu par Dieu. Et c'est peut-être pour signifier que le seul monde créé est le monde sensible que Jean précise que le Logos a été fait « chair », c'est-à-dire monde sensible, historique et réel et non monde idéal.

Donc, pour Jean, le Fils unique de Dieu (le seul et unique Logos de Dieu) a été fait chair en Jésus. Jésus est la manifestation du Fils unique de Dieu. Ou, en raccourci, Jésus est le Fils unique de Dieu.

---

31. Dieu crée d'abord l'idée de « chat » et ensuite il crée les chats dans leur diversité selon le modèle unique et parfait de l'idée de chat.

32. *De opi.* 17. 24 : « Avant la création, Dieu conçut dans son esprit le "monde intelligible" qui est son Logos » ; *Quod Deus* 31 : « Dieu envoya son fils cadet, le "monde sensible", mais garda l'aîné, le "monde intelligible" auprès de lui. » *Cf.* C.H. DODD, *L'interprétation du quatrième évangile*, Cerf, 1975, p. 356.

À mon avis, le titre de Fils unique accordé à Jésus ne signifie en rien que Jésus soit l'unique manifestation du Fils de Dieu, c'est-à-dire du Logos. Jésus est le Fils unique de Dieu, mais il n'est pas l'unique Fils de Dieu.

Bien au contraire, on peut considérer que l'histoire sainte dans son ensemble est une manifestation épiphanique du Logos (c'est-à-dire du Fils, du Christ). C'est ainsi que Moïse et Élie, en particulier, peuvent être considérés, au même titre que Jésus, comme des épiphanies du « Fils unique », c'est-à-dire du travail du Logos. Et c'est pour cela que Jésus est considéré à plusieurs reprises comme le nouveau Moïse et le nouvel Élie. D'ailleurs, l'histoire de Jésus est une sorte de réitération et d'accomplissement du destin de Moïse et de celui d'Élie[33]. Ainsi, le travail du Logos s'est poursuivi, se poursuit et se poursuivra pendant l'intégralité de l'histoire du monde.

Mais Jésus Christ est présenté comme la récapitulation et l'accomplissement de toutes les épiphanies du Logos au cours de l'intégralité de l'histoire.

Les titres donnés à Jésus – Prophète, Serviteur souffrant, Messie, Fils de l'homme, Grand Prêtre, Fils de Dieu – font de lui la récapitulation, l'accomplissement, l'incarnation de toutes ces figures qui étaient déjà dans l'Ancien Testament, comprises comme des manifestations – des épiphanies – de

---

33. Moïse et Élie ont eux aussi marché au désert. Ils ont eux aussi été en butte à l'hostilité et à l'incompréhension. Leurs morts ont été, elles aussi, comprises comme un sacrifice et ils ont été eux aussi enlevés au ciel par une sorte de récompense et de réhabilitation. Moïse, Élie et Jésus ont pu être compris comme trois expressions du « Serviteur souffrant » et du « Fils de Dieu ».

la mise en œuvre du projet de Dieu. Après Jésus, c'est l'Église, qui est le corps du Christ, qui pourra être considérée comme investie de ces mêmes titres et de ces mêmes fonctions à titre de descendance de Jésus Christ, c'est maintenant elle qui a pour vocation d'être l'épiphanie du travail du Logos.

Annexe 1

LE BAPTÊME DE JÉSUS
PAR JEAN BAPTISTE

Alain HOUZIAUX

L'ÉVOLUTION DE LA PRÉDICATION DE JÉSUS

Mon propos est de montrer que Jésus a bien été un disciple de Jean Baptiste et un prédicateur de la théologie de la repentance, mais qu'il est devenu ensuite un prédicateur du *sola gratia*.

Plusieurs points montrent que Jésus a bien été un disciple de Jean Baptiste. Jésus prêche et baptise aux côtés de Jean Baptiste (Jean 1, 35). La première prédication de Jésus est, tout comme celle de Jean Baptiste, un appel à la repentance motivée par l'achèvement des temps et la proximité du Royaume (Marc 1, 15). Les premiers disciples de Jésus ont été recrutés dans le cercle des disciples de Jean (Jean 1, 36-37). Et eux aussi, comme Jean et les disciples de Jean, doivent prêcher la conversion (Marc 6, 12) et la proximité du Royaume (Matthieu 10, 7 ; Luc 9, 2 et 10, 2).

La prédication de Jésus restera marquée par celle de Jean Baptiste (*cf.* les paraboles du sel de la terre et de la lumière du monde, l'appel à passer par la porte étroite, les malédictions de Luc 6, 24-26, l'exhortation à être parfait de Matthieu 5, 48). Il faut croire que le rapprochement entre Jésus et Jean Baptiste s'imposait pour beaucoup puisqu'on a même pu considérer que Jésus était Jean Baptiste ressuscité (Marc 6, 16 et 8, 28).

Mais, paradoxalement, c'est cette exhortation à la perfection, héritée de Jean Baptiste, qui conduit Jésus à s'éloigner de son maître. La divergence entre Jésus et Jean Baptiste a vraisemblablement porté sur la question de la pénitence, et sur celle du baptême, qui pour Jean était le signe de la repentance et de la conversion (Jean 3, 22-30). En poussant à ses extrêmes conséquences le développement de la pensée de Jean Baptiste, Jésus est conduit à la considérer comme insuffisante. En effet, pense Jésus, même par la repentance, même par la conversion, même par la recherche la plus extrême de la perfection, l'homme ne peut devenir parfait. Il ne peut se sauver seul. L'homme ne peut pas devenir « juste » par lui-même. Il ne peut qu'échouer dans la recherche de la perfection. Ce n'est que par le pardon de Dieu que l'homme peut entrer dans le Royaume de Dieu. C'est le constat de l'impossibilité de l'homme à se sauver seul qui devient le tremplin de la prédication du salut par grâce seule. Luther et Calvin s'en souviendront et ils en feront le cœur de la prédication protestante.

La prédication de Jésus devient radicale : ce n'est que par le don gratuit que l'homme peut recevoir le pardon (Matthieu 18, 23-35). L'homme ne peut mériter son salut parce qu'il reste toujours, vis-à-vis de Dieu, dans la position de débiteur. Pour Jésus, l'accès au Royaume de Dieu est interdit à l'homme, même s'il se repent et fait pénitence. L'entrée au Royaume de Dieu n'est possible que par le don de Dieu.

À partir de cette nouvelle conception de la purification considérée comme un libre décret de Dieu, Jésus a renoncé à baptiser (du baptême de repentance méritoire). Jésus a renoncé à un genre de vie ascétique parce que aucune pratique extérieure ne peut ni sauver ni purifier l'homme (Marc 7, 1-23 ; Matthieu 15, 1-20). Jésus a accepté d'être un mangeur, un buveur et un ami des péagers (Matthieu 11, 19 ; Luc 15, 2). Le salut ne vient pas de l'homme, mais uniquement de Dieu qui accorde son pardon et ouvre l'accès au Royaume. C'est la prédication de la justification par grâce seule.

LE BAPTÊME DE JÉSUS PAR JEAN BAPTISTE

Le fait même que le baptême de Jésus par Jean Baptiste ait été rapporté clairement par les évangiles synoptiques (Matthieu, Marc, Luc) et de manière allusive par Jean prouve son historicité. En effet, il fallait que ce baptême soit vraiment tout à fait connu à l'époque de la rédaction des évangiles synoptiques pour que les auteurs de ces évangiles ne puissent pas se permettre de l'omettre, en dépit du désir qu'ils avaient certainement de le faire, puisqu'il y a eu par la suite vraisemblablement une opposition de Jésus à l'enseignement de Jean Baptiste et, à coup sûr, une rivalité entre les disciples de Jésus et ceux de Jean Baptiste. Les évangélistes auraient donc eu tout intérêt à passer sous silence le baptême de Jésus par Jean Baptiste.

L'embarras des évangélistes pour expliquer le fait que Jésus se fasse baptiser, et de plus par Jean Baptiste, est perceptible. Le baptême n'était en aucune manière une exigence de la loi juive. De plus, le baptême institué par Jean était un rituel de repentance, de purification et de conversion. Ainsi, puisque Jésus n'était pas pécheur, il n'y avait, semble-t-il, aucune raison pour qu'il demande ce baptême. Quant à expliquer que Jésus se soumettait au baptême pour se solidariser avec les pécheurs, ce n'était pas non plus très convaincant.

Les évangélistes ont donc rapporté le baptême de Jésus par Jean Baptiste. Mais ils ont tenté de minimiser la portée de l'événement. Ils ont insisté sur le fait que Jean Baptiste lui-même reconnaissait Jésus comme le plus grand des prophètes (Matthieu 11, 9-10 ; Luc 7, 26-27), et ils ont rapporté que Jésus avait précisé : « Le plus petit dans le Royaume est plus grand que Jean Baptiste » (Matthieu 11, 11 ; Luc 7, 28).

De plus, les évangélistes ont transformé la signification du baptême de Jésus par Jean Baptiste. Ce baptême n'est pas présenté comme un ralliement de Jésus à Jean Baptiste, mais bien au contraire comme la consécration de Jésus dans sa mission propre et spécifique. En effet, c'est par son baptême que Jésus reçoit la vocation d'incarner la figure du « Serviteur souffrant » telle qu'elle avait été dressée, cinq siècles plus tôt, par le livre d'Ésaïe.

Ce qui détermine la signification « reconstituée » du baptême de Jésus, ce sont les paroles, mises dans la bouche de Dieu et énoncées sur Jésus : « Tu es mon fils bien-aimé, en toi j'ai mis toute mon affection[1]. »

Or ces paroles doivent être comprises comme une citation d'Ésaïe 42, 1. Dans ce texte, ces paroles s'adressent au « Serviteur souffrant » et forment l'introduction aux « chants » décrivant la figure de ce Serviteur[2]. C'est au moment de son

---

1. Marc 1, 11 ; Luc 3, 22 ; Matthieu 3, 17.
2. Le texte précis d'Ésaïe 42, 1 est : « Tu es mon serviteur (*ebed*) bien-aimé, en toi j'ai mis toute mon affection. » Le fait que le mot hébreu « serviteur » (*ebed*) soit ici rendu par le mot grec *neanias* (signifiant « fils ») et non par *païs* (qui signifie à la fois « fils » et « serviteur ») ne constitue pas une objection sérieuse. Les évangélistes ont cité Ésaïe dans la version grecque des Septante où « serviteur » (*ebed*) est traduit par *païs*. Or, du fait du double sens « fils » et « serviteur » du mot *païs*, les évangélistes ont retenu le sens « fils » au lieu du sens « serviteur ». Il est possible également que le texte du Psaume 2, 7 : « Tu es mon

baptême que Jésus a dû acquérir la conviction qu'il devait assumer le rôle de Serviteur souffrant. Précisons les caractéristiques de cette figure du Serviteur souffrant que Jésus a vocation à incarner.

Dans le livre d'Ésaïe[3], ce Serviteur souffrant est une figure qui représente Israël dans son ensemble, ou une minorité plus réduite (le reste d'Israël) ou un individu qui représente à lui tout seul tout Israël. Ce point reste imprécis. En revanche, ce qui est clair, c'est que ce Serviteur souffrant a vocation à souffrir et à mourir à la place de l'humanité et qu'il lui apporte ainsi le salut.

Le fait que Jésus ait été exécuté à la place de Barabbas peut être considéré comme une illustration de ce ministère de « Serviteur souffrant ». Jésus sauve Barrabas du châtiment qu'il allait recevoir. Face au châtiment, Jésus se substitue à Barabbas. C'est Barabbas qui aurait dû être exécuté et c'est Jésus qui est crucifié à sa place. Cette substitution implique la souffrance et la mort d'un innocent à la place d'un coupable. De fait, le Serviteur, dit Dieu dans le livre d'Ésaïe, est « semblable à un agneau que l'on mène à la boucherie [...] il est frappé pour les péchés de mon peuple, [...] il se charge de leurs iniquités [...] il s'est livré lui-même à la mort, il a porté les péchés de beaucoup d'hommes, il a intercédé pour les coupables[4] ».

Pour éviter une mécompréhension au sujet de cette figure du Serviteur souffrant, précisons qu'il n'est pas dit que la souffrance et la mort du serviteur sont voulues par Dieu, ni qu'elles servent à « satisfaire » la justice de Dieu. Il n'est pas

---

fils, je t'ai engendré aujourd'hui » ait influencé la rédaction du texte évangélique mis dans la bouche de Dieu.

3. Ésaïe 42, 1-4 ; 49, 1-7 ; 50, 4-11 ; 52, 13-53, 12.
4. Ésaïe 53, 7-12

dit que le Serviteur est offert en sacrifice à Dieu. Il est dit qu'il s'offre en sacrifice de façon que les autres soient sauvés. Le désir de souffrir à la place de ceux que l'on aime et de vouloir subir à leur place le châtiment qui menace de tomber sur eux est une forme de l'amour, du sacrifice et de la sympathie (au sens fort). Déjà Moïse, pour tenter de persuader Dieu de ne pas punir le peuple juif qui avait fabriqué le Veau d'or, avait proposé à Dieu de l'« effacer de son livre » (Exode 32, 32), c'est-à-dire de le punir à la place du peuple.

Il ne faut donc pas voir, dans le ministère de Serviteur souffrant que Jésus entend assumer, une manière de satisfaire la justice cruelle de Dieu qui exigerait la mort d'un innocent pour ne pas punir les coupables, mais une manière, pour le bon berger, de donner sa vie pour ses brebis (Jean 10, 11).

Pour comprendre le sens exact de cette mort « à la place de », on pourrait la comparer à celle d'un militaire qui se porte volontaire pour prendre la tête d'une colonne de soldats, de telle sorte que ce soit lui qui essuie le feu de l'ennemi et soit tué à la place de ceux qui le suivent. Ainsi le Serviteur souffrant s'offre en sacrifice à l'« Ennemi » et non à Dieu.

Un autre point montre bien que les évangélistes ont vu dans le baptême de Jésus sa consécration à être le Serviteur souffrant. Jean Baptiste dit de Jésus : « Voici l'agneau de Dieu qui ôte le péché du monde. » Or le Serviteur souffrant avait été présenté par Ésaïe comme un agneau « qui livre sa vie en sacrifice pour le péché ».

Certes, le lien entre la signification « construite » du baptême de Jésus (sa vocation à devenir le Serviteur souffrant) et la signification du baptême de repentance effectué par Jean Baptiste peut paraître bien ténu. Mais on peut cependant l'établir de la manière suivante : les juifs qui demandent le baptême à Jean Baptiste se font baptiser à cause de leurs péchés et Jésus, en tant que Serviteur souffrant, se fait baptiser non pour ses propres péchés, mais pour ceux de tout le peuple. Les souffrances qu'il endurera seront expiatoires pour les péchés de tout le peuple. Jésus est baptisé en vue de sa mort expiatoire (l'expression « être baptisé » est synonyme de « mourir » ; *cf.* Marc 10, 38 et Luc 12, 50).

La vocation de Jésus à être le Serviteur souffrant, qui est donc le cœur de la signification de son baptême, lui sera rappelée ultérieurement (Matthieu 12, 18) sur la montagne de la Transfiguration (Matthieu 17, 5). Jésus est sur le point de monter à Jérusalem. Il peut être tenté d'y aller non comme un Serviteur souffrant, mais comme un messie politique et révolutionnaire (c'est en tout cas ce qu'attendent de lui ses disciples). Et c'est pourquoi sa vocation de Serviteur Souffrant lui est rappelée. En effet, lors de la Transfiguration, Jésus entend la même parole que celle qui lui avait été dite lors de son baptême : « Celui-ci est mon fils bien-aimé » et il lui est donné en exemple Moïse et Élie qui, selon la tradition de l'époque, avaient l'un et l'autre expié par leur souffrance et leur mort les péchés du peuple[5].

---

5. On considérait que le fait que Moïse ait dû mourir sans pouvoir entrer dans la Terre promise était une forme d'expiation du péché de son peuple qui avait adoré le Veau d'or. Et on voyait aussi en Élie une figure messianique chargée d'accomplir la tâche du Serviteur souffrant, *cf.* Siracide 48, 10.

Annexe 2

L'ÉVANGILE DE THOMAS : UNE NOUVELLE SOURCE D'INFORMATION SUR LA PRÉDICATION DE JÉSUS ?

Alain Houziaux

L'ÉVANGILE DE THOMAS ET *PARIS-MATCH*

L'*Évangile de Thomas* se présente comme une suite de « paroles » mises dans la bouche de Jésus. Ces « paroles de Jésus » sont mises bout à bout sans ordre apparent. L'*Évangile de Thomas* a dû voir le jour vers les années 150 après Jésus Christ ou peut-être même un peu plus tôt encore. Il a peut-être été d'abord rédigé en syriaque ou en araméen. Il a ensuite été traduit en grec et en copte. Le texte découvert en 1945 dans la bibliothèque de Nag Hammadi, en Haute-Égypte, est en langue copte. Il a été copié au IVe siècle.

Les « paroles de Jésus » présentées dans l'*Évangile de Thomas* ont, pour la plupart, un caractère résolument gnostique, ce qui montre qu'elles ont vraisemblablement été rédigées tardivement, c'est-à-dire au IIe siècle[1]. Cependant cer-

---

1. Peut-être y a-t-il un courant gnostique chrétien dès le Ier siècle. Ce point est controversé.

taines des « paroles » présentées dans l'*Évangile de Thomas* n'ont pas ce caractère gnostique. Il se pourrait donc qu'elles aient leur origine dans une tradition plus ancienne.

Dès la publication de l'*Évangile de Thomas,* en 1956, on s'est posé la question suivante : l'*Évangile de Thomas* nous révèle-t-il un enseignement de Jésus et des « paroles de Jésus » (on dit des *logia*) dont les quatre évangiles canoniques[2] de nos Bibles n'auraient pas rendu compte ? Un ouvrage de P. de Suarez[3], dont la presse[4] s'est fait largement l'écho, a prétendu que l'*Évangile de Thomas* avait été écrit avant les quatre évangiles canoniques, qu'il avait servi de source à ces quatre évangiles et qu'il était le seul à transmettre les « paroles » authentiques de Jésus (que nos quatre évangiles canoniques, eux, ne nous auraient transmises que de manière altérée).

Cette thèse est hautement fantaisiste, de l'avis de tous les spécialistes de l'*Évangile de Thomas.* Mais cela ne contredit pas le fait que l'*Évangile de Thomas* soit un document de la plus haute importance et qu'il puisse, pour certaines des *logia* qu'il présente, remonter à une source d'information (un recueil de « paroles de Jésus ») datant de la même époque (entre 50 et 80) que celui qui a probablement été utilisé par Matthieu et Luc pour rédiger leurs évangiles canoniques. Si cette hypothèse est exacte, cela impliquerait que certaines des « paroles de Jésus » présentées par l'*Évangile de Thomas* soient

---

2. Matthieu, Marc, Luc et Jean. Ces évangiles sont appelés « canoniques » parce qu'ils font partie du canon des Écritures saintes. Matthieu, Marc et Luc sont également appelés synoptiques (les mêmes péricopes se retrouvent dans ces trois évangiles) parce que Matthieu et Luc ont rédigé leurs évangiles, en 80 ap. J.C., en s'inspirant de l'évangile de Marc, qui daterait de 70 ap. J.C.

3. *L'Évangile selon Thomas,* Marsanne, 1975.

4. *Paris-Match* entre autres.

aussi anciennes (et aussi « authentiques ») que celles données dans les évangiles canoniques. Il est en effet probable que, entre 50 et 80, on ait établi un ou plusieurs recueils de « paroles de Jésus ». Les évangiles de Matthieu et de Luc ont sans doute utilisé l'un de ces recueils (appelé « source Q »). L'*Évangile de Thomas* a peut-être utilisé ce même recueil ou un autre comparable[5].

DES « PAROLES » INCONNUES DE JÉSUS ?

La question qui se pose à propos de l'*Évangile de Thomas* est donc celle-ci : est-ce que, grâce à l'*Évangile de Thomas*, nous pourrions découvrir des « paroles de Jésus » distinctes de celles données par les évangiles canoniques, et ayant néanmoins une antériorité (une « authenticité[6] ») comparable à celle des *logia* données par les évangiles canoniques ?

D'après J. D. Kaëstli[7], le recueil intitulé *Évangile de Thomas* n'aurait pas été rédigé en une seule fois. Il y aurait plusieurs couches rédactionnelles composées à différentes époques, par référence à des « sources » différentes. Et il y aurait dans ce recueil trois sortes de *logia* :

– des « paroles de Jésus » qui auraient été rédigées d'après les évangiles synoptiques ; ce serait surtout des aphorismes, des paraboles ; les *logia* 31-36, 44-48, 63-76 et 93-98 appartiendraient à cette première strate ;

---

5. On n'a pu retrouver jusqu'à présent aucune trace matérielle de ces « recueils de *logia* ».

6. « Authentique » signifiant ici : enracinée dans une tradition ancienne, celle de ces supposés recueils de « paroles de Jésus » qui ont circulé entre 50 et 80.

7. In *Jésus de Nazareth,* ouvrage collectif sous la direction de D. MARGUERAT, E. NORELLI et J.-M. POFFET, Genève, Labor et Fides, 1998, p. 373-396.

– des « paroles de Jésus » qui auraient été influencées par l'évangile de Jean (ou qui s'enracineraient dans une tradition qu'elles partageraient avec l'évangile de Jean) et qui présenteraient une pensée de type gnostique. Ces « paroles » du deuxième type seraient les *logia* 12-13 ; 18 ; 24 ; 37 ; 43 ; 51-52 ; 61 ; 91. Ces *logia* sont souvent introduites par une question d'un disciple et elles se présentent sous la forme de dialogues ;

– des « paroles de Jésus » qui auraient été rédigées d'après la source Q ou d'après un recueil de *logia* de la même époque (50-80). Ces « paroles » ont une importance considérable, puisqu'elles s'enracinent dans une tradition aussi ancienne et aussi originelle que les « paroles de Jésus » qui nous sont données par les évangiles canoniques.

LES « PAROLES DE JÉSUS » SUPPOSÉES PRIMITIVES DANS L'ÉVANGILE DE THOMAS

Citons ces *logia* du « troisième type ». Mais, nous allons le voir, pour chacune de ces « paroles », on peut émettre des réserves quant à son ancienneté[8].

Logion 2

> Jésus a dit : que celui qui cherche ne cesse point de chercher jusqu'à ce qu'il trouve ; lorsqu'il trouvera, il sera ému ; et lorsqu'il sera ému, il admirera et il régnera sur l'univers.

---

8. Pour le commentaire de ces *logia,* nous nous inspirons des articles que J.D. KAËSTLI a consacrés à ce sujet et de l'ouvrage de Jacques MÉNARD, *L'Évangile de Thomas,* Brill, 1975.

Clément d'Alexandrie (140-220) cite un *logion* comparable[9] qu'il dit avoir trouvé dans l'*Évangile des Hébreux* (fin du IIe siècle). Ce *logion* serait donc attesté par deux voies distinctes.

Logion 8

> Et Jésus dit : l'homme est semblable à un pêcheur avisé qui jeta son filet à la mer ; il le retira de la mer plein de petits poissons ; parmi eux, il trouva un beau et gros poisson. Il jeta tous les petits poissons dans la mer. Il choisit le gros poisson sans peine.

Il est possible mais non certain que ce *logion* ait été calqué sur ceux de Matthieu 13, 47-48 (parabole du trésor, parabole de la perle). Mais l'expression *thalassa* (mer) pour désigner le lac de Génésareth plaide pour une origine ancienne de ce *logion*.

Logion 17

> Jésus a dit : je vous donnerai ce que l'œil n'a pas vu et ce que l'oreille n'a pas entendu et ce que la main n'a pas touché et ce qui n'est pas monté au cœur de l'homme.

L'*Évangile de Thomas* reprend ici une citation que fait Paul (dans 1 Corinthiens 2, 9[10]). Paul présente sa citation comme une citation de l'« Écriture », c'est-à-dire de la Bible juive[11]. L'*Évangile de Thomas,* en revanche, présente son *logion*

---

9. « Celui qui s'est émerveillé régnera et celui qui a régné se reposera. »

10. La première épître de Paul aux Corinthiens date sans doute de 56 ap. J. C.

11. De fait ce texte est généralement considéré comme une combinaison de Ésaïe 64, 3 et de Jérémie 3, 16.

comme une « parole de Jésus ». Ainsi cette citation de l'Écriture juive (l'Ancien Testament) a été mise très tôt dans la bouche de Jésus.

Logion 82

> Jésus dit : celui qui est près de moi est près du feu, et celui qui est loin de moi est loin du Royaume.

Ce *logion* est sans doute une des meilleures preuves que l'*Évangile de Thomas* pourrait reproduire une tradition indépendante des textes canoniques et parallèle à eux. Ce *logion* est dans le style de Jésus, qui aimait présenter sa doctrine sous forme d'oppositions contrastées. Ce *logion* évoque un aspect central de la prédication de Jésus : la présence de Jésus est le signe de l'avènement imminent du Royaume. Elle place les hommes devant un choix décisif : se tenir loin de Jésus, c'est s'exclure du Royaume ; se tenir près de lui et devenir son disciple, c'est s'exposer au « feu » et à l'épreuve. Ce *logion* reprend un proverbe de la sagesse populaire (hérité des fables d'Ésope[12]) que Jésus a pu reprendre à son compte. On retrouve ce *logion* chez Origène (158-253) comme une « parole du Seigneur », mais il ne l'a certainement pas emprunté à l'*Évangile de Thomas* qu'il condamne par ailleurs. Il est également cité, de manière allusive, par Ignace d'Antioche (mort vers 110) dans son épître aux chrétiens de Smyrne.

---

12. Ésope (620-560 av. J. C.) : conteur plus ou moins légendaire. Les fables que nous avons sous son nom n'ont pas été écrites par lui, mais sont postérieures.

Jésus dit : le Royaume du Père est comparable à une femme portant un vase plein de farine, alors qu'elle marchait sur un chemin éloigné. L'anse du vase se brisa, la farine se répandit derrière elle sur le chemin. Elle ne savait pas, elle n'avait pas su peiner. Quand elle pénétra dans sa maison, elle posa le vase à terre, elle le trouva vide.

C'est le thème de l'appel à la vigilance qui est bien dans le style de la prédication de Jésus. Cette parabole pourrait donc se référer à une tradition ancienne. Cependant on peut lui trouver une tournure gnostique et, dans ce cas, elle serait une création plus tardive ; en effet cette parabole pourrait être interprétée comme un avertissement à celui qui, dans ce monde (« le chemin éloigné[13] »), risquerait, par accident, de laisser échapper du contenant (le corps) le précieux contenu (l'esprit).

Le Royaume du Père est pareil à un homme qui veut tuer un grand personnage. Dans sa maison, il a dégainé l'épée et il l'a plantée dans un mur pour s'assurer que sa main était ferme. Ensuite, il a tué le personnage.

Cette parabole peut être rapprochée de Marc 3, 27. L'« homme fort », le « grand personnage », c'est le Royaume de Satan.

---

13. Dans la pensée gnostique, « notre monde » est déprécié ; il est considéré comme « loin du ciel ».

> Malheur à eux les pharisiens, car ils ressemblent à un chien couché dans la mangeoire des bœufs ; car il ne mange ni ne laisse les bœufs manger.

Ce proverbe appartient à la tradition des fables d'Ésope. Il a été placé dans la bouche de Jésus.

DERNIÈRE REMARQUE

L'*Évangile de Thomas* n'est pas le seul texte non canonique dans lequel on peut peut-être retrouver des « paroles de Jésus » remontant à une tradition ancienne. Le grand exégète J. Jeremias[14] sélectionne vingt et une « paroles de Jésus » « dont l'authenticité historique peut être sérieusement envisagée ». Elles appartiennent non seulement à l'*Évangile selon Thomas,* mais aussi à d'autres sources : divers « papyri », l'évangile des Nazaréens,[15] l'*Évangile des Hébreux*[16], Justin, un évangile connu d'Apelles (disciple de Marcion), Théodote[17], Tertullien[18], Clément d'Alexandrie[19], les *Actes de Pierre*[20], etc.

La découverte de « paroles de Jésus » qui peuvent être aussi « authentiques » (c'est-à-dire se référant à des sources aussi anciennes) que celles des évangiles canoniques pose un

---

14. Dans son ouvrage *Paroles inconnues de Jésus*, Paris, Cerf, 1970.
15. Bien antérieur à la fin du IIe siècle ap. J.C.
16. Datant de la fin du IIe siècle.
17. Gnostique égyptien du IIe siècle.
18. Environ155-225.
19. Environ140-220.
20. Datant du deuxième tiers du IIe siècle.

problème. Les textes du canon du Nouveau Testament[21] doivent-ils être considérés comme les seuls ayant autorité ? Pourquoi ? Est-ce parce que l'Église les a consacrés comme tels ? Ou est-ce parce qu'ils sont considérés comme étant au plus près des « paroles mêmes » de Jésus de Nazareth ? En fin de compte, qu'est-ce qui prime ? La parole, insaisissable et inaccessible, de Jésus ? Ou la décision de l'Église primitive qui a écarté du canon des Écritures certains écrits qui remontent pourtant à des sources très anciennes, et ce parce qu'elle a cru avoir le droit de les juger hérétiques ?

---

21. Ce canon a été constitué au IVe siècle.

LES AUTEURS

Jean-Daniel Dubois a été enseignant à la Faculté de théologie protestante de Paris, dans le domaine du christianisme ancien. Il est actuellement directeur d'études à l'École pratique des hautes études, titulaire de la chaire sur le gnosticisme et le manichéisme.

Pierre Geoltrain a fait des études de lettres et de théologie protestante. Il a été directeur d'études à l'École pratique des hautes études, section des sciences religieuses. Il a travaillé sur les textes intertestamentaires[1] et sur les textes de Qumrân. Il a été le coordinateur des équipes de traduction du Nouveau Testament dans la TOB (Traduction œcuménique de la Bible), et celui d'un volume sur les apocryphes

---

1. Entre l'Ancien et le Nouveau Testament il y a une période de trois siècles environ pendant lesquels les juifs ont écrits des textes qui n'ont pas été recueillis dans le canon des Écritures. Cette floraison de textes éclaire la pensée du milieu dans lequel est né le texte évangélique. Ce sont ces textes qui ont été réunis en un volume appelé les textes intertestamentaires.

chrétiens[2]. Il a collaboré à un volume sur Paul chez Hatier ainsi qu'au cycle d'émissions télévisées *Corpus Christi*[3].

Alain Houziaux est pasteur de l'Église réformée de l'Étoile, docteur en philosophie et docteur en théologie. Il a publié, entre autres, *Le désir, l'arbitraire et le consentement (pour une éthique du tragique)*, Aubier Montaigne, 1973 ; *La Vérité, Dieu et le Monde (pour une théologie raisonnée)*, l'Âge d'homme, Lausanne, 1988 ; *Le tohu-bohu, le Serpent et le bon Dieu*, Presses de la Renaissance, 1997.

Charles Perrot est prêtre du diocèse de Moulins dans l'Allier. Il a été professeur de syriaque pendant de longues années à l'Institut catholique de Paris. Il a publié de nombreux articles, et aussi un *Jésus et l'histoire*, paru chez Desclée. Il est aussi l'auteur de *Jésus Christ et Seigneur des premiers chrétiens*, d'un livre sur les miracles (éditions Atelier) et d'un *Jésus*, en collection « Que sais-je ? ». Il a été intervenant dans la série télévisée *Corpus Christi*.

Claude Tassin est professeur à l'Institut catholique, spécialiste des textes intertestamentaires et du Nouveau Testament. Il est actuellement directeur du département biblique de l'Institut catholique. Il a écrit un commentaire sur l'évangile selon saint Matthieu.

---

2. Bibliothèque de la Pléiade, 1997. Textes allant du IIe au VIe siècle.
3. Diffusé sur Arte à Pâques 1997 et à Pâques 1998.

TABLE DES MATIÈRES

Cet ouvrage a été reproduit
et achevé d'imprimer sur Roto-Page
par l'Imprimerie Floch à Mayenne
en mars 1999
pour le compte de Bayard Éditions

Imprimé en France
Dépôt légal : février 1999.
Nº d'édition : 4553.
Nº d'impression : 45731.